「仕事」「面接」「婚活」

どんなシーンでも選ばれる！

未来をつくる！最高の自己紹介

引っ込み思案のあなたのための
仕事も将来も引き寄せる自分の見せ方

松下公子　STORYアナウンススクール代表／
株式会社STORY代表取締役

standards

「初対面の相手に緊張してしまう」
「頭が真っ白になって話せなかったらどうしよう」
「失敗したらどうしよう」
「変なふうに思われたらどうしよう」
「そもそも、何を話せばいいのかわからない」

自己紹介でこんなお悩みがあるあなた。

あなたのモヤモヤした自己紹介の悩みを解決してくれる、さらに今まで想像もつかなかった未来に連れて行ってくれるのは、この本です。

本書に出会ってくださって、ありがとうございます。

ちっぽけな不安や悩みを吹き飛ばす、新しい自己紹介の方法を教えましょう。

はじめに

自己紹介って、緊張しますよね。何を話せばいいのか、わからないですよね。

それは私も同じです。自己紹介、本当に苦手です。

だけど自己紹介って苦手……で終わっている方は本当にもったいない。自己紹介のその先にどんな未来が待っているのか、イメージできていないのです。

その先には、仕事につながったり、一緒に仕事をする仲間ができたり、一生の友達ができたり、中には結婚にまでいたるパートナーができる、そんな出会いの可能性が広がっているのに、です。

そう、素敵な出会いをつかむフックが自己紹介なのです。

「え、自己紹介ってそんなに大切なものなの？」と、衝撃を受けた方もいるかもしれません。

その通り、自己紹介を大切にしないと、活かさないと、人生において仕事のみならず、婚活や恋愛など、ありとあらゆる人との出会いで損をしてしまいます。本当にもったいないことです。

得する人生のために、自己紹介の学びは不可欠です。

それこそ自己紹介が学校の授業の必須科目になってもおかしくないと思うくらいなのですが、自己紹介の方法を教えてくれる場は、日常のなかにはありません。だからこそ、私と一緒に自己紹介を極めてほしいのです。

キラキラと輝く未来、そして人生を送るために！


申し遅れましたが、私は元アナウンサーで、「ＳＴＯＲＹアナウンススクール」代表の、松下公子といいます。

手前味噌ですが、ＳＴＯＲＹアナウンススクールは、アナウンサーのマスコミ内定率9割を誇るスクールです。新卒をはじめ、アナウンサー未経験の社会人からの転職、そして現役アナウンサーからさらに大きな局への転職。ここ数年は、一般企業の40代からの転職サポートも行っています。

ですが、「元アナウンサーで、人前で話す講師業」の私も、自己紹介が苦手！

この話をすると、「意外です」という反応もあれば、「ちょっと安心します」というお声もいただきます。アナウンサーだって人間です。感情があります。人前で話すときは、緊張するのです。

でも、どうして自己紹介が苦手な私が、自己紹介ノウハウを語れるのか？

アナウンサー試験の面接やカメラテストで必須の試験項目は、実は自己紹介なのです。試験の一番最初に、「1分で自己紹介をしてください」と言われるのです。

最近では、書類審査の段階で「自己紹介動画を付けてください」というパターンも増えています。

アナウンサーになるために、短い時間の中で私たちはどうしたら好感を持たれるのか？　どうしたら選ばれるのか？

話の内容や表情、声で、採用担当者の心をつかむために、ずっと試行錯誤してきています。そう、苦手なんて言ってられないんです！

自分がなりたい仕事に就くためには、自分の夢を叶えるためには、試験の最初の自己紹介で採用担当者の心をつかまないといけないのです。それも1分という短い時間で！

その場限りの自己紹介ではなく、どうせなら、「自分の未来をつくる」自己紹介を学び、実践できるようになりたくないですか？

人によっては、今まで苦手だった自己紹介に対してスパッと苦手意識をなくすことは、少々難しいかもしれません。でも、小さいところから始めてみませんか？

苦手意識は持ち続けていいけれど、そういうものはせめて、小さく折りたたんで小脇に抱えるイメージでいきましょう。

気持ちは軽やかに堂々と自己紹介ができる自分になるために、あなたと私は出会いました。ここから一緒に始めていきましょう！

というわけで、本書の章ごとの概要をご紹介します。

第1章は「どうしてアナウンサーは自己紹介が苦手なのか？」。

アナウンサーと言えば、話し方のプロ。とはいえ、実はアナウンサーにも自己紹介が苦手な人が多いのです。「ウソでしょ？」と驚きますよね。その理由を解説し、「自己紹介は話し方テクニックだけでは上手くいかない」という事実を、さらに腑に落とし込んでもらいます。

第2章は「未来をつくる自己紹介あり方マインドセット」。

そもそも自己紹介って何なのでしょうか？

字面どおり「自分を紹介すること」ではありますが、その考え方だけでは表面的な伝え方、話の内容になってしまいます。相手の心をつかみ、さらに自己紹介で未来をつくっていくための本質！「あり方マインドセット」についてお伝え致します。

第3章は「未来をつくる自己紹介７つのルール」。

その場限りではない、その先の未来をつくる自己紹介。それは７つのルールを守るだけで実践できます。そのルールの一つひとつをご紹介します。

第4章は「未来をつくる自己紹介 話し方テクニック」。

いよいよ話し方テクニック編！　初対面の相手を惹きつける方法や、一目置かれる話し方の技術をご紹介します。また、アナウンサーならではのわかりやすく伝わる声や話し方のコツも、「アナウンサーが教える話し方テクニック7選」として掲載しました。

第5章は「未来をつくる　名刺交換の方法」

実は名刺交換も自己紹介のひとつ。名刺交換のマナーは新人研修や本を読んで身についていたとしても、「未来をつくる」名刺交換の仕方は多くの方が知りません。すぐに実践できるノウハウばかりをご紹介します。

さあ、いよいよここからが本番！

私と一緒に「未来をつくる自己紹介」を学んでいきましょう！

もくじ

第3章 未来をつくる自己紹介 7つのルール

第4章 未来をつくる自己紹介 話し方テクニック

第5章 「未来をつくる名刺交換」の方法

第1章

なぜ、アナウンサーは自己紹介が苦手なのか？

01 自己紹介が未来をつくる理由

さて、なぜ私はこれだけ自己紹介のテーマについて語りたいのか？　そう思うようになるまでのストーリーをお話しします。

２０１７年、私は１人目の男の子を出産しました。

赤ちゃん育児で、局アナの仕事は卒業。所属しているフリーアナウンサー事務所から受身で仕事を待つ状態でした。

でも、仕事はこない。「これから自分はどうなっていくのか？」と不安でいっぱいでした。夫は会社員で安定した収入があり、「別に働かなくてもいいよね」と言ってくれる。いま思えば、ありがたいことです。

でも、それでは「松下公子」、いえ、当時は独身時代からアナウンサーとしてやってきた名前、「千ヶ崎公子」がいなくなってしまう。

そう、私は「松下公子」と名乗りたくなかったのです。キャリアをつくりあげてきた、「千ヶ崎公子」でずっといたかった。

そんな「何かやりたい、やらなきゃ」という思いを抱えながら、当時1歳になったばかりの息子とともに、ある女性交流会に参加したのです

参加者はネイルサロンやエステサロン経営、料理やフラワーアレンジメント教室主宰者など。自宅で教室を開く女性たちのことを「サロネーゼ」と言うのですが、当時メディアに取り上げられるなどして、流行っていたのです。「自分で教室開くなんてすごいし、オシャレだなあ」と、ご一緒した女性達がキラキラ輝いて見えたことを覚えています。

その後、私にとって人生を変える出来事が起こりました。

会の始まりにあった自己紹介タイムでのことです。ある参加者の方が、

「田中です。エステサロン経営しています。よろしくお願いいたします」

と早口でまくし立てて、10秒経たずして終了。これがお手本となり、同じように自分の名前と仕事の肩書きだけ言って終わるような自己紹介が続きました。

「あー、緊張した。終わってよかったー」と、隣の参加者に笑いながら話しているサ

ロネーゼの方。そのときの私の心のなかのつぶやきを実況中継すると、こんな感じです。

「え？　なんで？　こんなに自己紹介を適当にやっていいの？

自己紹介は〝出会いのつかみ〟だよ！　それも、仕事につながる〝出会いのつかみ〟だよ！

みんな同じで、つまらない。個性がない……」

そして、私の自己紹介の番がきました。

「ぎゃあ」抱っこしている息子が騒いで足をばたつかせてきました。

子どもを抱き押さえながらの自己紹介は散々たるもの。他の人をとやかく言う前に、まず自分がうまく話せなかったなと内心、自己嫌悪に陥っていると、隣の美女がこう、声をかけてきました。

「さすがアナウンサーですね！　自己紹介が上手で教えていただきたいです！」

えー!!　これでいいの？

衝撃でした。

ここだけの話ですが、私は局アナ時代、上司や先輩にしゃべりを褒められたことがありませんでした。むしろ、「下手くそ！」と怒られてばかり。

そんな私に、「自己紹介が上手なので、教えてほしい」!? だったら私、教えますけど！


というわけで、始まったのが「たった1分でココロをつかむ自己紹介」講座。

初めは会議室を借りる勇気がなく、ホテルのラウンジを会場に講座をスタートしました。参加者が1人しかいなかったとしても赤字にはならないし、その参加者1人にドタキャンされたとしてもお茶して帰ってくればいい、と考えたからです。

ですが、そんな心配は必要なく、6人程度ですが毎回満席が続く人気講座となりました。

これが私の講師、コンサルタントとしての始まり、原点なのです。

当時、この講座で学ばれた方からは、

「交流会でコーチングのクライアントをゲットできました！」

「専業主婦だったので自信がありませんでしたが、希望以上の会社に就職が決まりました！」

「『商工会議所で講師をやりませんか？』と仕事が決まりました！」

「研修講師として伝えるスキルが磨かれて、リピートされました！」

などなど、嬉しい声をもらっています。

私自身、この講座からの出会いで講師・コンサルの仕事を受けています。また、これをきっかけに本格的にアナウンサーのスキルを生かした講師・コンサルの仕事に力を注ぐことになりました。そして、現在は内定率9割のＳＴＯＲＹアナウンススクールや、「人生を変えるＳＴＯＲＹ転職スクール」といったスクール事業を展開し、事業を拡大させています。

中でも、倍率１０００倍と言われるアナウンサー試験の指導において、原稿読みやフリートークといった、いわゆる「話し方テクニック」を教えずにして毎年、内定者を輩出してきました。

では、何を教えてきたのか？

それが自己紹介です。

「では、1分で自己紹介して」

と、アナウンサー志望者の話し方においては、自己紹介だけは必ず、一人ひとりと「何を話すのか？」「どう話し伝えるのか？」を指導してきました。

その結果、

・大学3年生が1局目受験で、テレビ朝日系地方局アナウンサーに内定
・大学4年生が1局目受験でNHKキャスターに内定
・社会人からの転職でNHKキャスターに2局ダブル内定
・社会人からの転職で民放局アナウンサーとNHKキャスターに2局ダブル内定

などの内定実績を出しています。

自己紹介で、自分をどう伝えるのか？

これを考えるだけで、超高倍率のアナウンサー試験をはじめ、「大事な場面で選ばれる」「人の心を動かす」ことができると言えるでしょう。

STORYアナウンススクールの話に戻します。今はアナウンスの基礎に不安のある方もアナウンサーになる可能性を広げたいという思いが強いため、アナウンススキルも教えるグループレッスンを行っています。

レッスンが増えると、私ひとりでは指導しきれなくなったので、アナウンススクールの認定講師を育て、お墨付きの先生にレッスンを担当してもらっています。

おひとりさま講師からサヨナラして、仲間たちと一緒にアナウンサー志望者を内定に導くために尽力しています。さらに、アナウンサーのためのオンラインコミュニティ「MY STORY～人生思い通り！　選べるキャリア～」を立ち上げました。

アナウンサーは過去の栄光で、今後の自分はどうなるのかなと不安に思っていた私はもう、いません。

自己紹介ひとつで、仕事につながる。
そして、何もなかった自分の未来をつくることができるのです。

02 アナウンサーも自分の何を話せばいいのかわからない

実はアナウンサーも自己紹介が苦手なのだと「はじめに」で書きましたが、「えー、ウソでしょ？　本当に？」と、驚きますよね。

ですが、アナウンサーの仕事がいったいどういうものなのか分析してみると、腑に落ちるのではないでしょうか。

テレビを見ている視聴者の皆さんにとっては、アナウンサーが華やかで主役的な仕事に映るかもしれません。でも実は、違うのです。

アナウンサーはタレントではありません。ニュースや情報をわかりやすく伝える仕事です。

デスクと呼ばれる上司からは「出すぎるな。お前が主役じゃない。取材相手やニュース、情報が主役なんだからな」という指導を受けることが多いのです。

アナウンサーは主役ではない。
自分の話をするのではなく、ニュースや情報を伝える。
自分の話をするのではなく、取材相手の話を引き出す。

局側がアナウンサーをどう活かしたいのか、そのときの上司の個別の価値観によることもありますが、多くのアナウンサーの方は右記の太字で示した内容について、大きく頷いてくれるはずです。

自己紹介とは、要は自分の話をすることです。でも私たちアナウンサーは、どちらかと言えば、「自分の話をするな」「出すぎるな」という指導を受けていることで日々、周りから抑圧され、仕事の中で自分を押し殺すことを慣習にしています。

だから、転職活動で他局を受験するときに、「では、自己紹介（自己PR）してください」と言われると、自分の何を話せばいいのかわからないのです。

さらにアナウンサーの転職活動は同業者たちが試験に集まるわけですから、「同じ仕事をしてきているアナウンサーたちの中で、どうしたら印象に残ることができるのか」「自分の良さが伝わるのか」が見えなくなるのです。

逆に新卒の大学生のアナウンサー志望者などは、「とにかく自分のことを知ってもらいたい！」とまっすぐな気持ちで、自分の魅力が伝わる自己紹介をすることもあります。

だから、自己紹介で相手の心をつかむには話し方テクニックだけが大事ではないと、強く言えるのですね。

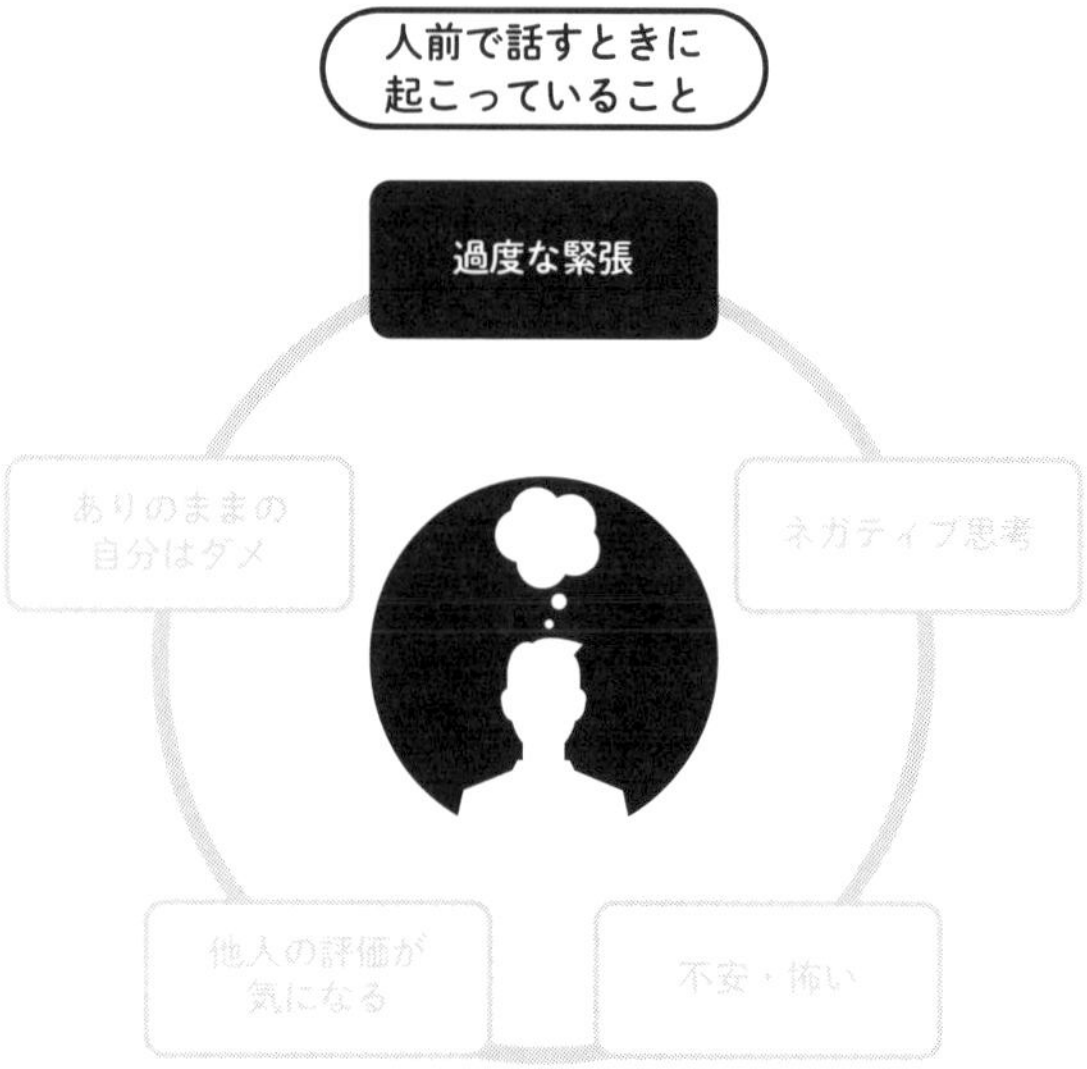

03 なぜ、自己紹介で緊張してしまうのか？

自己紹介に関するお悩みナンバー1は、「どうしたら緊張しないで、自己紹介ができるのでしょうか？」だと思います。

わかります。私も自己紹介は、緊張します。そもそも私だけではなく、アナウンサーでもほとんどの人は、程度は違えど自己紹介で緊張するのではないでしょうか。

ビジネスパーソン向けの自己紹介講座でこのような質問をしたことがあります。

「緊張しているとき、何を考えていますか？」

すると、たいていはこんな答えが返ってき

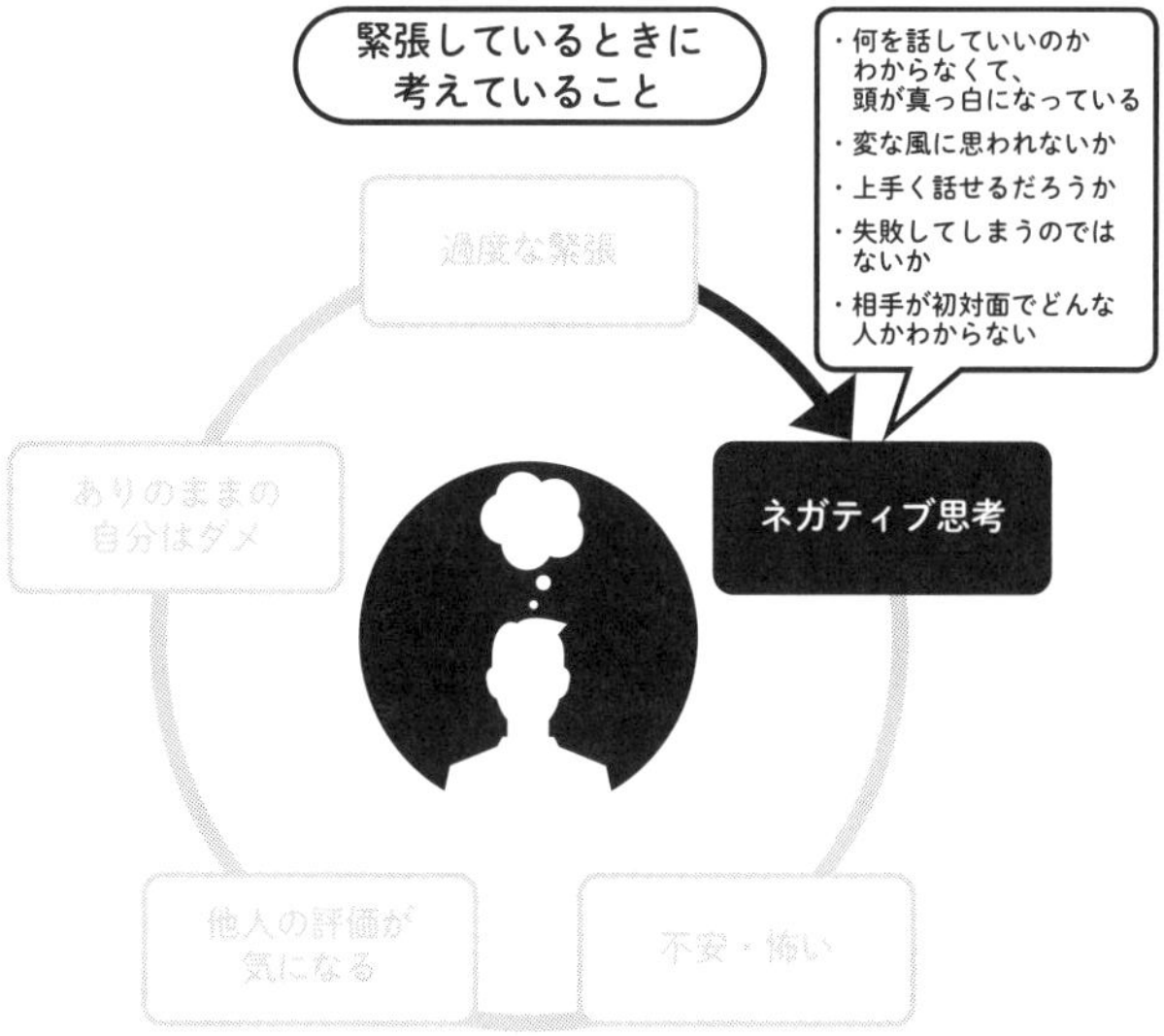
緊張しているときに考えていること
・何を話していいのかわからなくて、頭が真っ白になっている
・変な風に思われないか
・上手く話せるだろうか
・失敗してしまうのではないか
・相手が初対面でどんな人かわからない
過度な緊張
ネガティブ思考
不安・怖い
他人の評価が気になる
ありのままの自分はダメ

ます。

「何を話していいのかわからなくて、頭が真っ白になっている」
「変な風に思われないか」
「上手く話せるだろうか」
「失敗してしまうのではないか」
「相手が初対面で、どんな人かわからない」

「……だから、緊張してしまうんです！」とたくさんの意見が出てきます。わかります。

そして、ここで気づいてほしいことがあります。**これらの緊張の言葉の裏には「不安」「怖い」という感情が共通してあることです。**

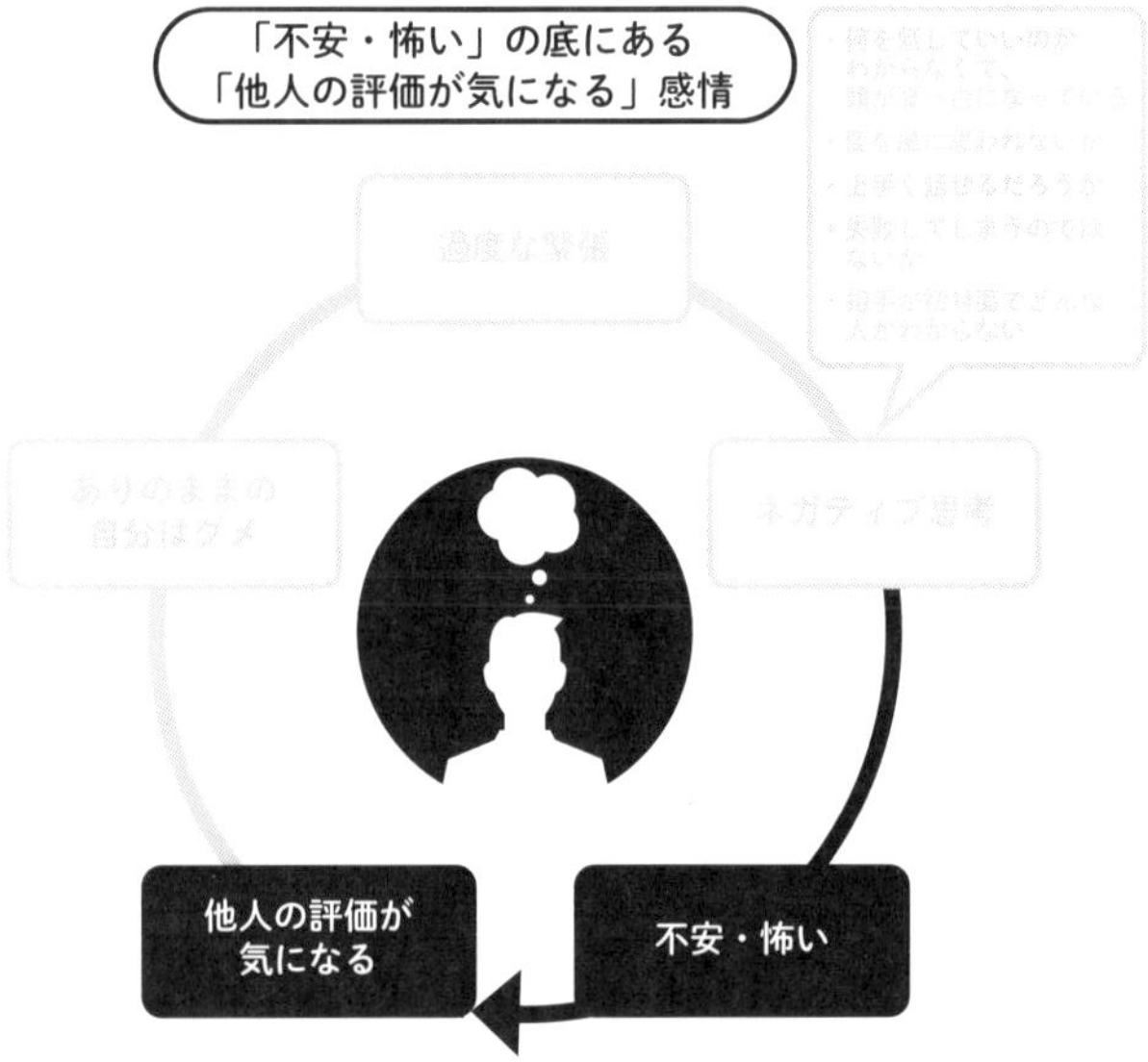

いったい、私たちは何に対して「不安」で、「怖い」と思っているのでしょうか？　それは、「他人の評価が気になっている」ところから湧き出る感情です。

誰だって、人から好かれたい。好印象を持たれたい。私もそうです。

でも、「このままの自分で大丈夫なのかな」という不安や怖さもある。「ありのままの自分ではダメなんじゃないか」という思いがあるのです。つまるところ、自分に自信がないわけです。

そう考えると、自己紹介をしたあとで、「……ふーん」と、パッとした反応が返ってこなかったとしたらどうでしょう？　「むし

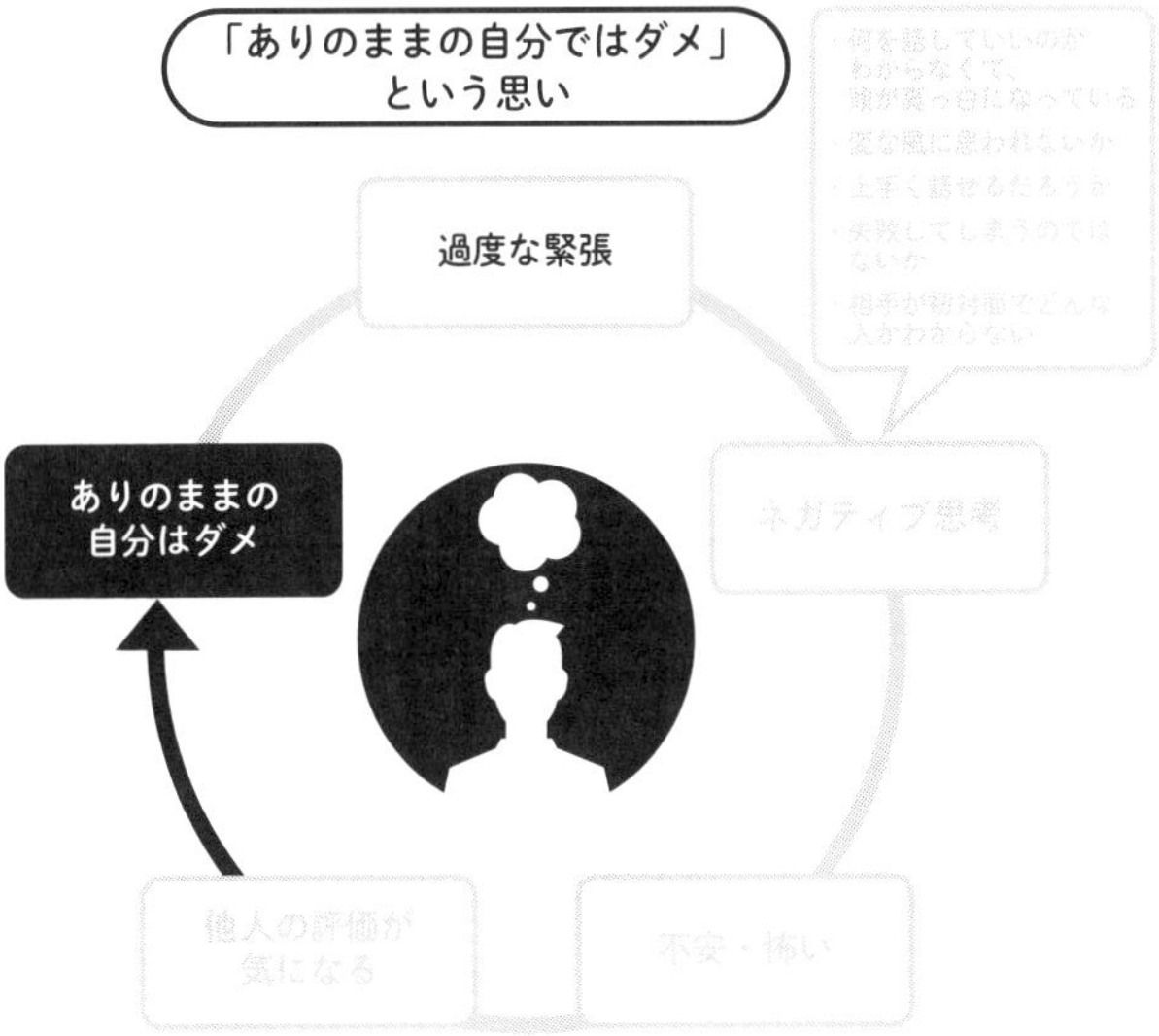
「ありのままの自分ではダメ」という思い
過度な緊張
・何を話していいのかわからなくて、頭が真っ白になっている
・変な風に思われないか
・上手く話せるだろうか
・失敗してしまうのではないか
・相手が初対面でどんな人かわからない
ネガティブ思考
不安・怖い
他人の評価が気になる
ありのままの自分はダメ

ろ、嫌われたとしたら……」そう考えると、こんな怖いことってないですよね。

「人を惹きつけるほど、自分は大した人ではないし……」

「皆に興味を持たれるような話を自分は持ってないし……」

と多くの人がそう言うのです。

ですが、はっきり言いますと、**誰が聞いても自己紹介は「面白い」ものでしかありません。**

なぜなら、30人いたら30人の、100人いたら100人の人たちの、まったく異なる自己紹介を聞くことができるからです。

以前、定期的に自己紹介講座をやっていた

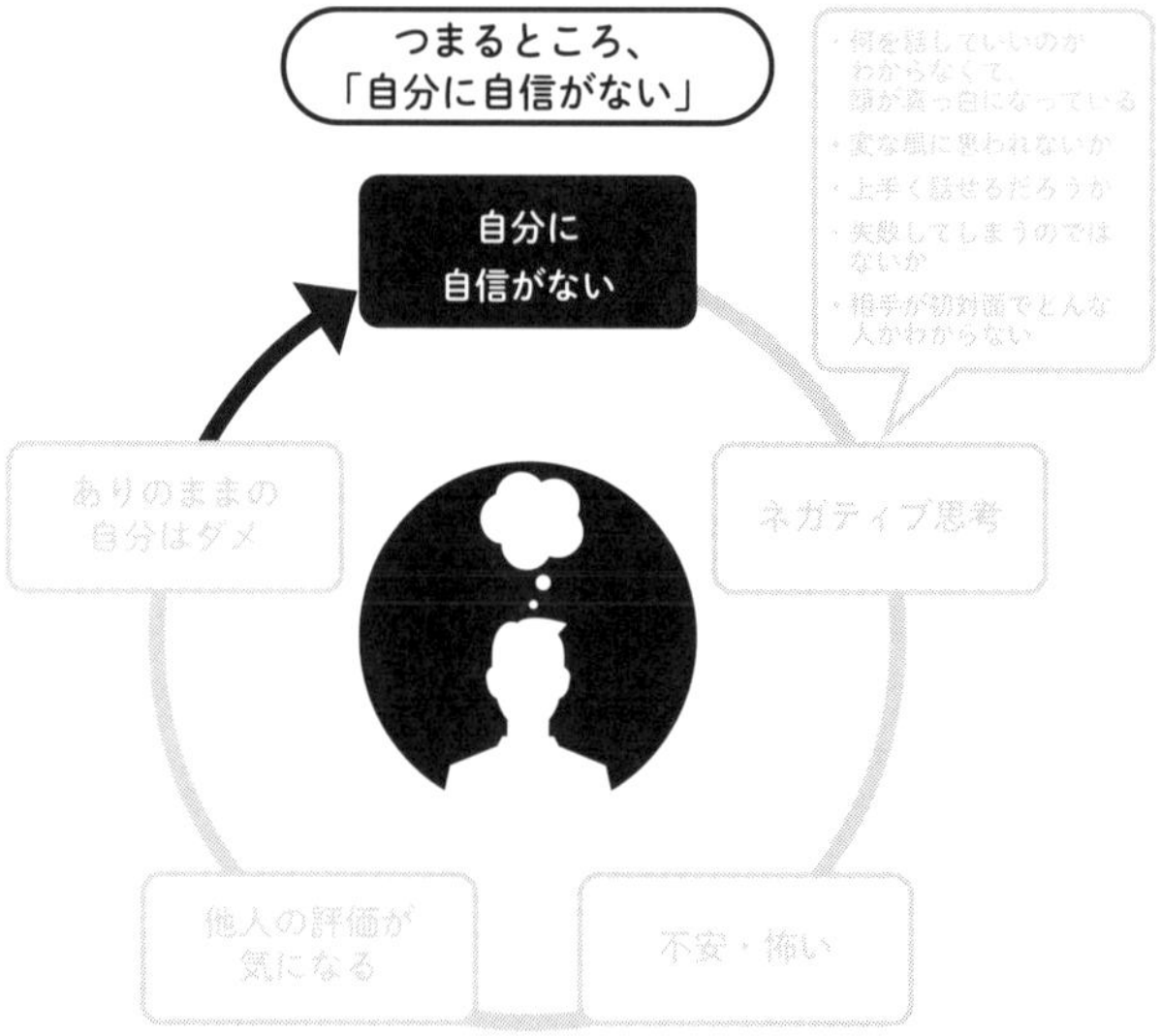
つまるところ、
「自分に自信がない」
自分に
自信がない
・何を話していいのか
わからなくて、
頭が真っ白になっている
・変な風に思われないか
・上手く話せるだろうか
・失敗してしまうのではないか
・相手が初対面でどんな人かわからない
ネガティブ思考
不安・怖い
他人の評価が
気になる
ありのままの
自分はダメ

ときは、年間100人以上の自己紹介を聞いていましたが、誰一人として「面白くない」という方はいませんでした

誰もが面白い、興味深い自己紹介をする力を持っているのです。

04
ネガティブな自分も受け入れる「自己受容」が大事

「自己紹介でスゴイ自分を見せないといけない！」とばかりに、気合いが入ってしまう方を多く見かけます。さらに緊張して空回りしてしまったり、スゴイというよりも自慢話になってしまい、場をしらけさせてしまうような方もたくさん。みなさん、もったいないことです。

「スゴイ自分」の話をしなくても、あなたはちゃんと、人に好かれる「自分」なのです。

「自己肯定感」という言葉を聞いたことが、みなさん、あるのではないでしょうか。

自己肯定感とは、自分自身に対する自信や、自分を大切に思う感覚を指します。自分に対してポジティブで確かな信念を持ち、他者との比較によって自分を評価せずに、自分独自の強みや成果を認めることが、自己肯定感の一部につながります。

要は「自分ならできる」といった、自身のポジティブな面だけを認めることを指します。これに関する書籍もたくさん出ていますよね。

ですが、自己肯定感より、まず大事なのは「自己受容」です。

自己受容は、自分自身をありのまま受け入れ、過去や現在の自分を否定せずに受け入れることを指します。自己受容の概念は、自分の弱点や不完全さを受け入れ、他者と比較することなく、自分を大切にする心のあり方を意味します。

つまり、「できない自分」というネガティブな面も含めて、ありのままの自分を全て受け容れるということです。

自己受容と自己肯定感は密接に関連しています。自分を受け入れることができる(=自己受容)から、ポジティブな自己評価が生まれ、自分を大切に思えるようになるのです(=自己肯定感)。

自己受容が十分にある場合、自分を否定せずにストレスや不安に対処しやすく、精神的な強さが生まれます。これが自己肯定感の向上につながり、ポジティブなサイクルをつくり出します。

「できていない自分も、私なんだ」と認められることで、実は「自分はできる」という自己肯定感も上がっていくのです。逆に、自分を受け入れられない状態では自信を持てなくなり、自己を評価しにくくなる傾向があります。

自分を受け入れること（自己受容）が、自分を大切にし、自信を持つ土台となり、それが自分自身に対する肯定感（自己肯定感）を高めていくと言えます。

ですから、重要なのは、この順番なのです。**まずは自己受容、できないネガティブな自分も認めるということ。次に自己肯定感、できているポジティブな自分を認めるということ。**

「できます」「やります」

ビジネスパーソン向けの自己紹介コンサルで、コンサル生の方がどんなに強い口調で話をしたとしても、言葉に自信のなさを感じることがあります。

「それ、本当にやれるのですか？」「できるのですか？」と訊くと、「……いやー、ちょっと自信がなくて」と返ってくるので、「やっぱり……」となります。

無理やりの「やれる」「できる」は自分はもとより、聞いている相手にも違和感を感じさせます。

自己紹介は本当に奥深いのです。

だから、やみくもに話し方スキルを磨くだけでは、相手の心をつかむことができないのです。

05

「共感ストーリー」グラフで自分を受け入れる

では、どうしたら自己受容、つまり「できないネガティブな自分」も認めることができるようになるのか？　そのワークをご紹介します。

上に掲載したのは、私の既刊『たった1人」に選ばれる話し方』『転職は話し方が9割』（ともにスタンダーズ）などでも紹介した、「共感ストーリー」感情グラフです。

このグラフのうえに、あなたの人生における経験と思い（感情）を書き出してみてください。

共感ストーリー®感情グラフ

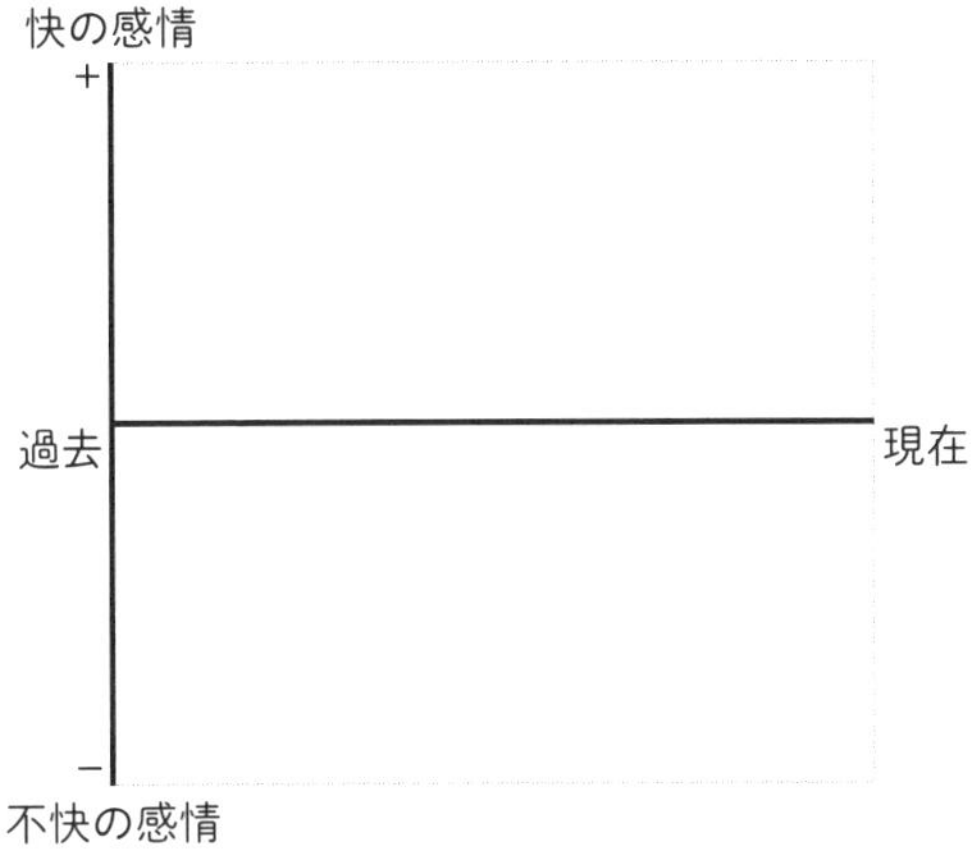

の「共感ストーリー」グラフ

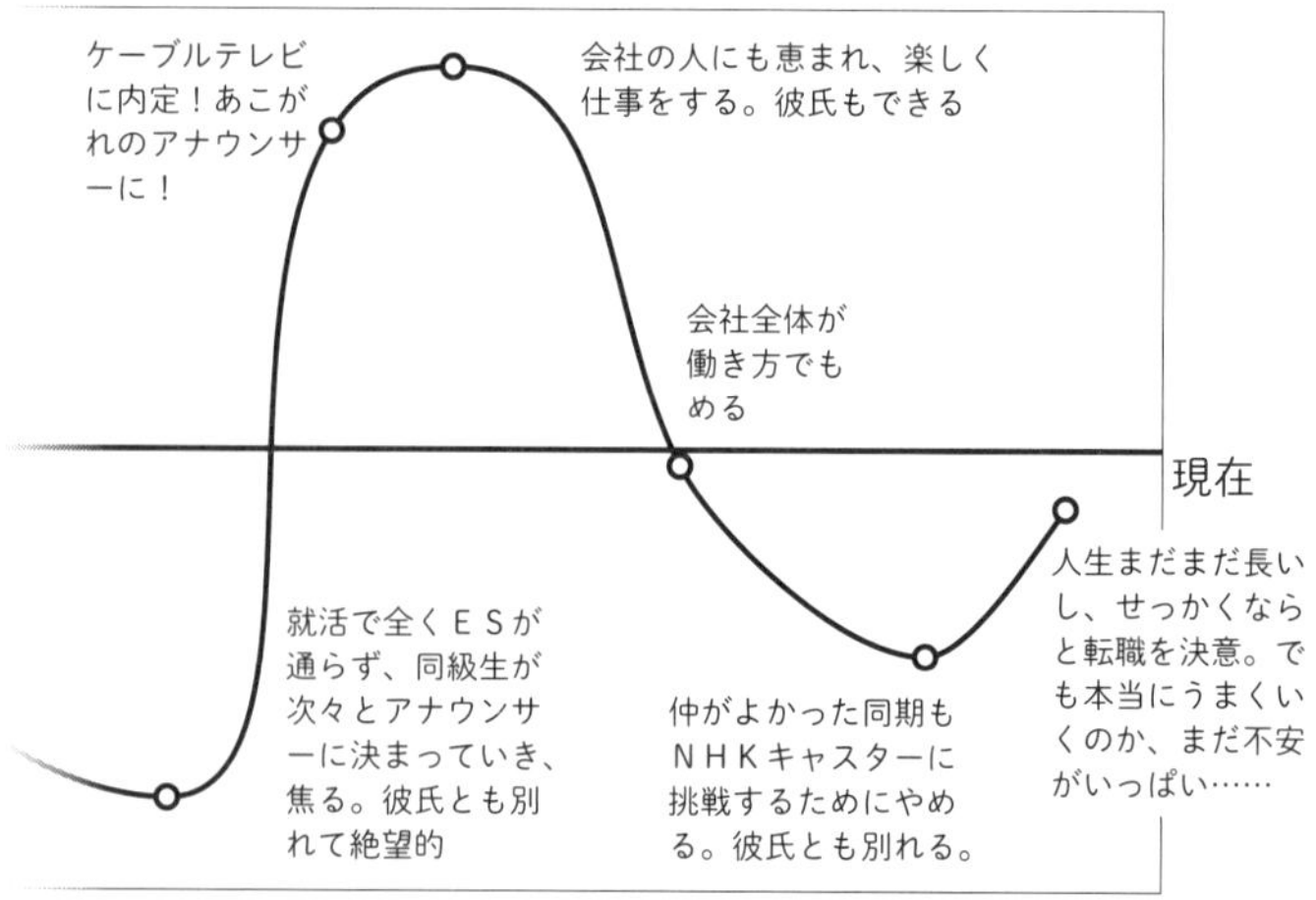
ケーブルテレビに内定！あこがれのアナウンサーに！
会社の人にも恵まれ、楽しく仕事をする。彼氏もできる
会社全体が働き方でもめる
現在
人生まだまだ長いし、せっかくならと転職を決意。でも本当にうまくいくのか、まだ不安がいっぱい……
就活で全くＥＳが通らず、同級生が次々とアナウンサーに決まっていき、焦る。彼氏とも別れて絶望的
仲がよかった同期もＮＨＫキャスターに挑戦するためにやめる。彼氏とも別れる。

このグラフに書き込むことで、どんな出来事（経験）があったのか？　そのときにどう感じたのか？　その先にどんな行動をしてきたのか？　といった、自分のあり方が「見える化」されます。縦軸は思い（感情）を表し、上に行くほどプラス（快）に、下に行くほどマイナス（不快）な方向に心が動くことを示しています。

上に掲載したのは、アナウンサー志望者の女性が書いたグラフです。

グッと下の不快な感情にグラフが下がっているところもありますが、その後グラフは上向き、快の感情へと向かいます。

例えばアナウンススクールで号泣するほど厳しい指導を受けたり、友達がみんな先に内

アナウンサー志望者（女性）

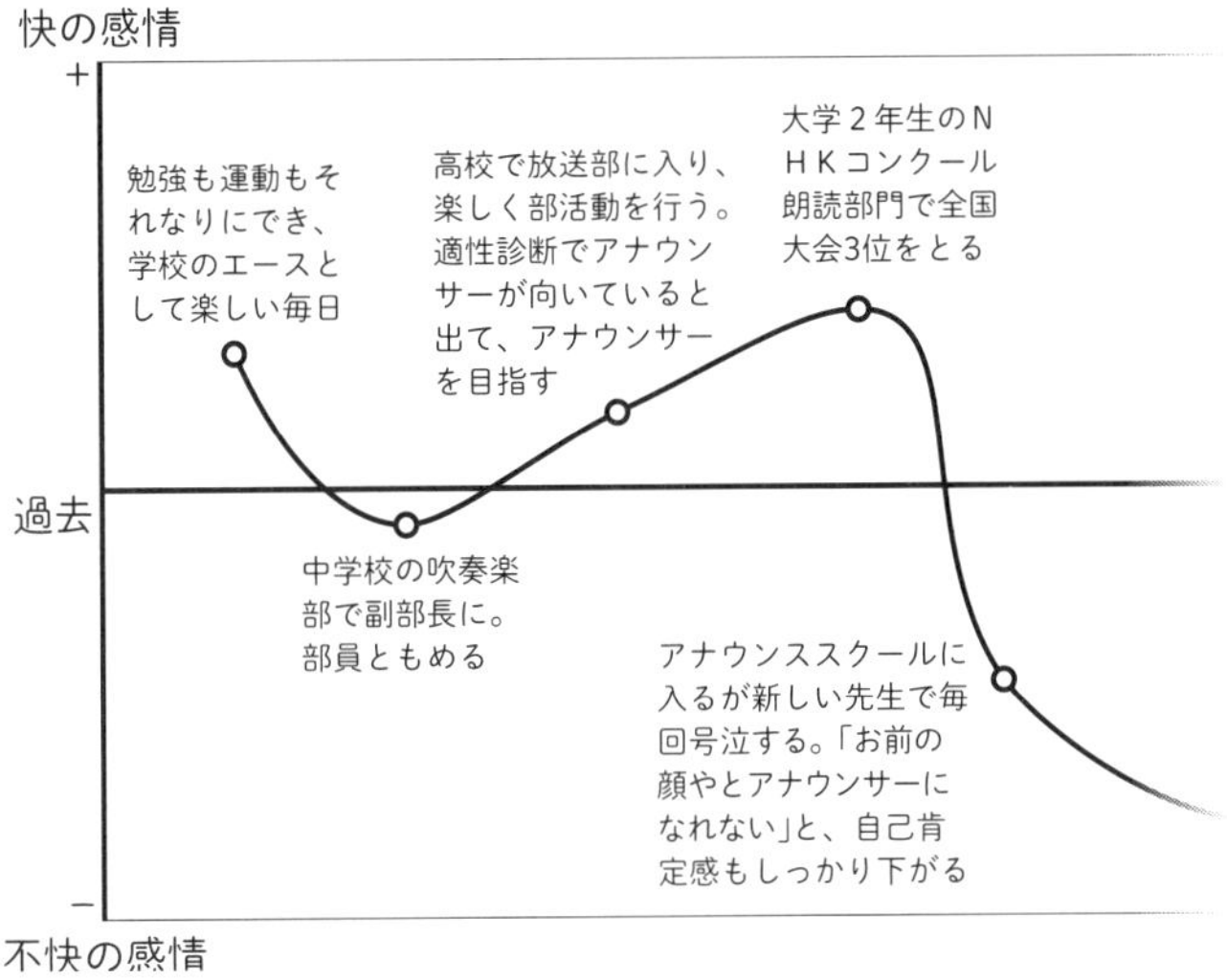
快の感情
＋
勉強も運動もそれなりにでき、学校のエースとして楽しい毎日
高校で放送部に入り、楽しく部活動を行う。適性診断でアナウンサーが向いていると出て、アナウンサーを目指す
大学２年生のＮＨＫコンクール朗読部門で全国大会3位をとる
過去
中学校の吹奏楽部で副部長に。部員ともめる
アナウンススクールに入るが新しい先生で毎回号泣する。「お前の顔やとアナウンサーになれない」と、自己肯定感もしっかり下がる
－
不快の感情

定を取っていたり、彼氏と別れてしまったりと、散々な思いを抱えてグッとネガティブにグラフが下がっていきますが、その後内定を勝ち得てからは、グラフは快の感情へと上がっています。

この共感ストーリーグラフを書くことで、「自分は頑張ってきたのだなと思えました」という感想をもらうことが非常に多いです。

私たちの人生は、上がったり下がったりしながらも、着実に進んでいます。嫌なこともありますが、そんな中、私たちはよく頑張っているのです。そんな自分を認めてあげてください。

要は、「今までの自分」も、「これからの自分」も、全部OK。
ポジティブだけではない、ネガティブな自分もOKなのです。

また、このグラフを書いたことで、「私、自己紹介で何も話せることがないと思っていたのですが、意外とありましたね」「ネガティブな話しかないと思っていたのですが、ポジティブで楽しいこともたくさんありました」という感想もよく届きます。

新しい視点で自分を見るきっかけにもなり、そこから、自己紹介で話せる話題も見つかります。

ぜひ一度、「共感ストーリー感情グラフワーク」を試してみてください。

第2章

未来をつくる自己紹介
あり方マインドセット

01

「はじめまして」に必ずあるのが自己紹介

ここで改めて、「自己紹介って何なのか？　その実態とは？」という、いまさらですが無下にできない定義をしていきます。

自己紹介は簡単に説明すると、当たり前ですが「自分を紹介するもの」です。では、あなたはどういうときに、自己紹介をしますか？

「はじめまして」の場に行くとき、初めての相手に会うときに「自己紹介をしてください」と言われますよね。例えば交流会など、多人数が集まるシチュエーションもあるかと思います。

就職・転職の面接や入社時の挨拶、取引先への挨拶など、新しい人間関係をスタートさせるときも自己紹介を求められます。商談などのビジネスシーンでは、名刺交換で「はじめまして」の挨拶もしますね。

「大勢の前で自己紹介することなんて、そうそうないよ」という人も、実は日々、自己紹介を繰り返していることに気づいたことでしょう。

そして、大事なのは「はじめましての場、初対面の方に会うときには必ず、自己紹介を求められる」ということです。

「知らなかった！」
「準備していない！」
「何を言えばいいの！」

では、済まされないのです。

いつでも、自信をもって自分のことを紹介できるよう、自己紹介を準備しておく必要があるのです。

02 「緊張しちゃダメと思うほど、緊張する」法則とその対処法

第1章で、「どうして私達は自己紹介を話すときに緊張してしまうのか？」そのメカニズムを説明しました。それでも、緊張は必ずしてしまいますよね。特に大勢の人たちの前であったり、格式の高い場であると、「落ち着けー！」と心の中で唱えても一層、緊張に拍車がかかってしまうものです。

そう、これは**「緊張しちゃダメと思うほど、緊張する」法則**なのですね。

これは心理学的にも実証されていて、俗に「カリギュラ効果」(※注)と言われます。人は自分の行動を制限されたり、禁止されたりするとそれがストレスになり、強く反発する欲求が生まれます。禁止されたことに対して、かえって意欲が沸き上がります。

ＣＭなどで「〇〇な人は絶対に買わないでください」「〇〇な人は絶対に見ないでください」というフレーズを聞いたことありませんか？　そう言われると、かえって

（※注）カリギュラ効果の語源は、暴君として知られるローマ皇帝を描いたイタリア・アメリカ合作映画『カリギュラ』（1980）で、過激な内容が原因で一部で上映禁止なったことから、よけいに「見たい」という観客が殺到してきた現象を元にしている。

気になってしまいますよね。これらはまさにカリギュラ効果を使って商品やサービスを販売するという手法なのです。

さて、自己紹介に話を戻します。

前述した通り、「緊張を絶対にしてはダメ」という禁止は、まさに緊張をあおるものになります。

だから、緊張しないために必要なのは、**「『緊張してもいい！』と自分に許可を出すこと」**なのです。

「え、緊張に許可を出す？」と不思議に思う方もいるかもしれませんが、「緊張はしていいのだ」と受け入れることが実は、緊張を回避するためには一番良い方法なのです。

それこそ、アナウンサーだって、緊張します。

「え、あんなに堂々とテレビで話してるじゃない？」って思いますよね。でも、私たちアナウンサーでも、「上手く話せなかったらどうしよう」と、常に不安に駆られているのです。

プロだからこそのプライドだってありますから、失敗できないなと自分にプレッシャーをかけてしまい、かえって緊張してしまうのです。

そう考えると、いつも会社であんなに堂々と話している社長だって、部長だって、「失敗できないな」という思いから実は皆、緊張しているというわけです。

一見凄そうな人たちだって実は内面カチカチになっているのだから、あなただってもちろん、緊張していいのです。**「緊張も、みんなですれば怖くない！」**ということです。

「そうか、別に緊張してもいいのか！」そう思うことで、少しは気持ちが楽になりませんか？

03 緊張をほぐす「格上の法則」とは？

さらにここで、緊張をほぐすための秘策を教えましょう。

あの人もこの人も、アナウンサーでさえも、実は緊張しているという事実を、あなたは知りました。

そうすると、「自己紹介の場で自分についてどう話せばいいのか？」「どう振舞えばいいのか？」その答えが見えてきます。

「相手の緊張を和らげる気持ち」で話す、そして**「相手の緊張をほぐす気持ち」で振舞えばいい**のです。

緊張していた自分が逆に、相手の緊張をほぐす。立場が大きく変わりましたね。

今までは見られている、ジャッジされているなど、自分に嫌な注目が集まっていると感じている方が多かったかもしれません。

緊張しているときは、
自分で自分を注目している

ですが、相手の緊張をほぐすとなると、注目する方向が自分ではなくなります。あなたから、相手に対しての注目へと、矢印が変わります。それも、「そうですよね。緊張しちゃいますよね。わかります」と、ちょっと格上になっている自分です。

これが**緊張をほぐす「格上の法則」**です。初対面の相手のために格上になった気持ちで、相手の緊張に寄り添う自分になる。どうでしょう？　相手に対する怖さや緊張と言った気持ちが、一気にほぐれませんか？

気持ちだけではありません。自分の見た目の印象もおどおどした感じから、背筋がピン

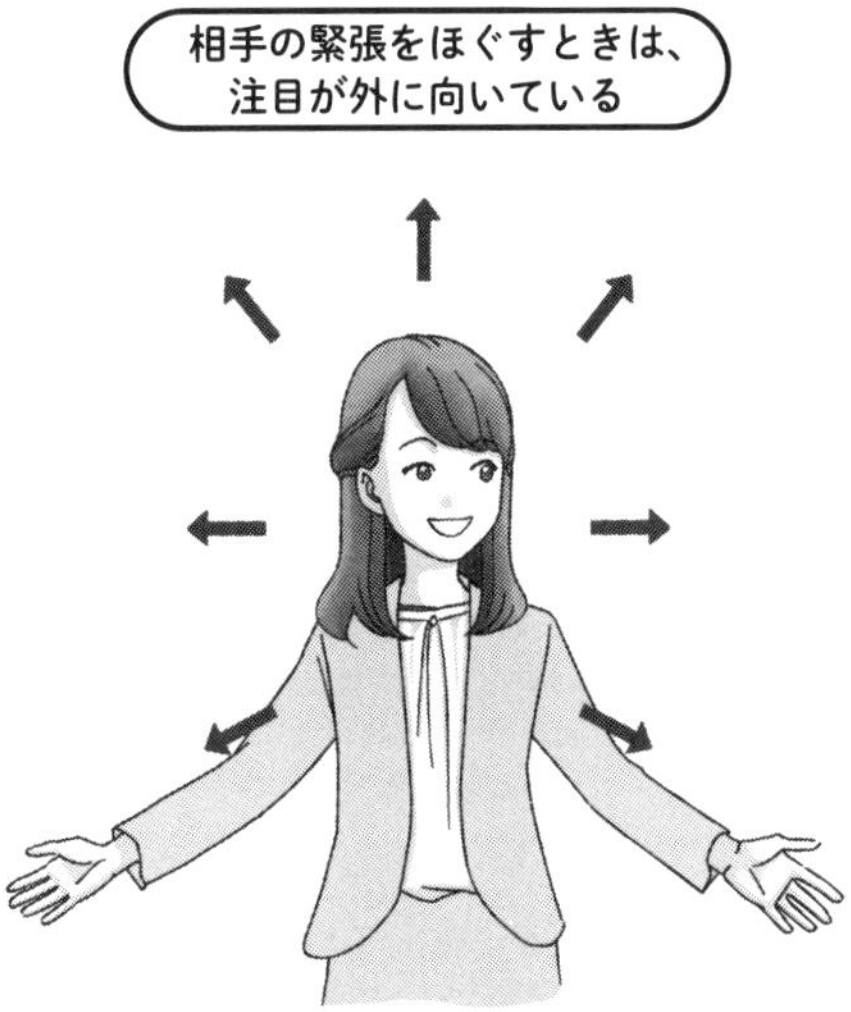
相手の緊張をほぐすときは、
注目が外に向いている

と伸び、堂々とした自分へと変化しているはずです。

大勢の前で話すとき、大事な商談や肩書や知名度がある方とお会いするときにぜひ、「格上の自分」を意識してみてください。

04 7秒で第一印象をつかむために！「メラビアンの法則」は順番が大事

「第一印象は大事！」とはよく言われることで、多くの方も実感していることだと思います。

これは心理学的にも立証されています。ポーランドの心理学者、ソロモン・アッシュが、以下のような印象形成の実験をしました。

AさんとBさんの性格を次の順番で説明し、どういう印象を持つか被験者に訊いたのです。

・Aさん：頭がいい、勤勉、素直、用心深い、頑固、嫉妬深い
・Bさん：嫉妬深い、頑固、用心深い、素直、勤勉、頭がいい

形容詞の順番を変えただけですが、結果、ほぼすべての方がAさんに好印象を持ち

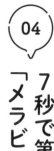

ました。

これを「初頭効果」と言い、「初めて出会ったときの印象が、その後もその人の評価に影響を及ぼす」というものです。

「話してみたい！」「もっと話してみたい！」「また会いたい！」

この後の関係性をつくっていくうえで、第一印象で相手の心をつかむことはとても大事なのです。

それほど大事な第一印象、いったいどれぐらいの時間で決まるかご存じでしょうか？

それは7秒だと言われています。そう、とても短い時間で私たちは判断されてしまうのです。

では、7秒の間に初対面でお会いした方は、どんなステップを踏んであなたの印象を判断しているのか？　いわゆる「メラビアンの法則」を例に、ご紹介していきましょう。

「メラビアンの法則」とは、人が他社から受け取る情報の割合が、以下の3つに分類されるというものです。

・**視覚情報55％（見た目・表情・しぐさ・視線など）**
・**聴覚情報38％（声のトーン、速さ、大きさ、口調など）**
・**言語情報7％（話の内容など）**

つまり、人は言語情報（話の内容）よりも、見た目・表情・しぐさ・視線といった視覚情報で人の第一印象を判断してしまうということです。

「やっぱり見た目か……」とため息まじりの声が聞こえてきそうですが、ここはよく多くの方が間違える点なのです。視覚情報の見た目、だけではダメなのです。

最初に、「見た目が好印象で、感じがいいな」と思わせる。
次に、話し方や声で「もっとこの人のことが知りたい！」と心をつかむ。
最終的に、話の内容でグッと共感させて、さらにわしづかみにしていく。

この「視覚情報↓聴覚情報↓言語情報」の順番の3ステップが大事なのです。

一つひとつ説明していきましょう。

❶好印象でつかむ「視覚情報」

「はじめまして」の方と出会ったときにあなたはまず、見られているのです。

会場で受付している姿であったり、歩いている様子であったり。まだ、あなたは相手に対して一言も話をしていない状況です。それでも、あなたに関する情報はしっかり伝えているのです。

それがノンバーバルコミュニケーション（非言語コミュニケーション）と言われる、しゃべり以外のコミュニケーションなのです。これが視覚情報、つまり見た目・表情・しぐさ・視線なのです。

見た目の印象を良くするのは実に簡単です。**ニッコリ笑顔でいる。ただ、それだけです。**

どんなに有名であっても、どんな実績がある人でも、無表情で眉間にしわを寄せている表情でいたならばどうでしょう。「機嫌が悪そう」「怖そうだ」と、感じが悪いと思う方が多いことでしょう。

逆に、何者かわからない人であっても、ニッコリ笑顔でいる様子を見ると、「感じがいいな」と良い印象を与えます。

❷もっとあなたを知りたい！　と思わせる「聴覚情報」

見た目でつかんだら次は声のトーン、速さ、大きさ、口調などの聴覚情報です。実際、話を始めたときの声の印象は非常に大事ですね。

アナウンサー試験では「挨拶の第一声」が大事だと指導しています。「はじめまして」「こんにちは」などの挨拶が元気で明るく、聴きとりやすい声だとその後の自己紹介、さらに面接の一問一答も同じテンションの声で話すことができます。

最初に「……はじめまして」と、暗くてテンション低めの印象で始まったとしたら、ここから挽回していきなり明るくなるほうが、かえって違和感を感じさせてしまいます。

ここで私事の話をひとつ。私の息子が小学生のとき、PTAで講演会を主催しました。役員だった私は司会を担当。

役目としては講演会スタートの挨拶、お話していただく子育てカウンセラーの先生の紹介、最後に締めの言葉と、時間にして3分も話さなかったと記憶しています。

「本日はありがとうございました！」と締めの言葉を述べて、拍手で無事、講演会を終えたのですが、同時に嬉しく、そして驚くことがありました。講演をされていた子育てカウンセラーの女性講師が私のもとへと走ってきたのです。

「あなたプロの方ですよね？　私、わかります！　たくさんの学校で講演して司会の方の声を聞いていますから、わかるんです！」

めちゃくちゃ興奮して、早口で訊いてきました。

「あ、はい。私、元アナウンサーなんです」

「ですよね？　やっぱり！　絶対プロだと思ったんです！　プロの方の声でご紹介いただいてものすごくテンション上がりました！　本当に感激です!!」

〝なに、その武勇伝？〟と思われるかもしれませんが、ここからとても大切なことを言います。

私は自分の話を一切していないのです。原稿を読んだだけなのです。それも、司会と言ってもあくまで脇役的な存在で、ステージの一段下の端っこで進行をしていたのです。

それでも、声だけで「テンションが上がりました！　感激です!!」と、むしろ主役の講師の方を喜ばせることができた。それも講演が終わってすぐに、私のもとに走らせるぐらいの行動を促した。

これが声だけでも、心をつかむことができるということなのです。

❸共感でグッと心をわしづかみにする言語情報

前述の子育てカウンセラーの先生の話を例にします。「テンションが上がりました！感激です!!」のあとに、こんな会話が続きました。

「お子さんがこの学校に通っているってことですよね？」

「はい、実は私が元アナウンサーだなんて誰も知らないのですが、ただ、自分の経験とスキルを司会でお役に立てたら嬉しいなと思いまして、自ら立候補してやらせていただいたんです」

「なんて素敵なお母さんなんでしょう！　また感激ですよ！」

手前味噌ですが、講師の方の心をわしづかみにしたな、と感じました。

話を戻します。見た目、声が大事というステップを踏んで、最終的に重要なのはやはり、話の内容なのです。

私が管理運営するSTORYアナウンススクールでは、倍率1000倍と言われるアナウンサー試験に内定するためのプレゼン手法として、第1章でも紹介した「共感ストーリーメソッド」を指導しています。

共感ストーリーとは、自分の経験と熱い思いを語ることで選ばれるプレゼン手法のことを言います。

今回の例で言うと「なぜ私が今回、司会をやっているのか」という思いを語ることで、共感してもらうことができたのですね。

05 営業が苦手な人こそ必須！自己紹介は「受身の営業」

「営業が苦手です」「売り込むことにハードルを感じます」

多くの方が苦手とする「営業」。

でも、そんな営業が苦手な方にこそ、磨いてもらいたいのが自己紹介なのです。

自己紹介をスピーチで行うとき、たいていは多人数の前でするものです。

ということは、10人いたら10人に。30人いたら30人に、100人いたら100人に自分のことや商品、サービスについて知ってもらえるということなのです。これはすごいことです。

もちろん、1対1のマンツーマンや、少人数が相手だったとしても同じです。自己紹介を聞いてから商談が始まる。その場で、仕事を受注するということも実際にありました。

以前、大阪で「仕事がとれる自己紹介セミナー」を開催したとき、21名の方が参加。このセミナーの売りのひとつに、自己紹介公開コンサルがありました。参加者の方に1分で自己紹介を話してもらい、さらに私から良かった「褒めポイント」と、さらにこうすると良くなるよという「改善ポイント」をフィードバックするというものでした。

ラストを飾ったのは、占い師の方でした。待ちくたびれていたのではと思ったのですが、実際に話をしてもらったらそれはもう、見事な自己紹介。歓声とともに、拍手もいちばん大きかったように感じました。早速、私は褒め称えました。

「素晴らしかったです！　改善ポイントなんて、ないくらいなんですけど」

「20人分の自己紹介と公子さんからのフィードバックを聞いて、自分の自己紹介ですぐに使えるものを入れ込みました。一番最後だったので得しちゃいました」

「なるほど！」

この後、この占い師さんから「セミナー参加者さんのなかの8名の方に、鑑定のご予約を頂きました！　これも自己紹介セミナーのおかげです。ありがとうございます！」と、ご報告を頂きました。21名中の8名ですから、参加者の3割近くの方から一気に申し込みがあったということです。

この占い師さんに魅力があったのはもちろんとして、これが自己紹介の力なのです。

ただ、自己紹介をしただけで、興味や関心のある方から自ら声をかけてくれる。それも、「ぜひお願いしたいです！」「ぜひ、買いたいです！」と、売り込まずにして売れてしまう力が自己紹介にはあるのです。

私は自己紹介を「受身の営業」だと思っています。

だから、営業が苦手だという方にこそ、自己紹介を学び、磨いてもらいたいのです。

他にも、この自己紹介セミナーに参加したことで、その場で仕事が取れましたという例はたくさんあります。

・しゃべる仕事をしたいと思っていた主婦に、司会の仕事が決まった
・「お片付け」で起業準備中だった方が、初めてお片付けサービスの申し込みを受けた
・ダイエットトレーナーの方は体験レッスンから、継続レッスンのお申込みへと

繋がった

・スピリチュアルカウンセラーの方は新規セッションの申し込みがあった

こうしてみると、これから仕事をしたいなという方、準備中の方も仕事が決まっています。自分がやりたいこと、できることを自己紹介に盛り込むと、「ぜひお願いしたい」「ぜひ応援したい」と夢が叶っていく、そんな未来がつくられていくのです。

コラム 1

新年度の自己紹介＋願望実現法

新年度は自己紹介スピーチをする場面が多くなる季節です。入社式、新しい配属先、研修などなど。

どんな場面でも使える新年度の自己紹介は、新しい場において「頑張ります！」と、前向きな思いを伝えるということです。

また、「何をやりたいのか」「何を楽しみにしているのか」など、新しい場における自分の思いを話すといいでしょう。

そしてお勧めなのが、新年度から「自分の未来をつくる」自己紹介をすることです。

それは、「抱負を話す」ということです。

「抱負」と「目標」は異なる

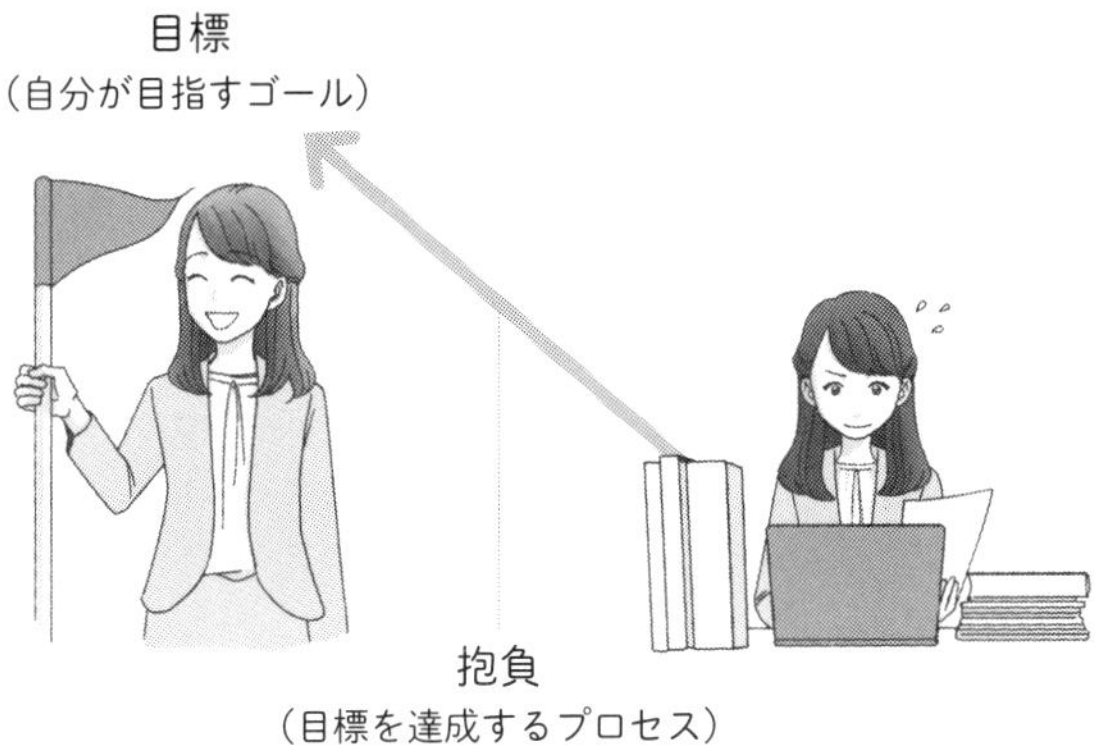

抱負とは、心の中に持っている決意や計画を指します。

抱負と目標を取り違える方が多いので説明すると、目標は「自分が目指すゴール」です。そして、抱負は目標と、「目標を達成するまでのプロセス」も含むものです。

ですから、「○○をしたい、○○になりたい」という願望を話すだけに終わらず、その願望を達成するために具体的に何をするか、そこまで伝えることが重要になるのです。

まず、新年度の自己紹介で何を話そうかなと考えることで、目標とそれを叶えるためのプロセスが明らかとなり、何をすればいいのか、具体的な行動がわかります。

要素としては、「数字」「期間」「固有名詞」を明確に入れましょう。「なる」「する」と、文末を断定口調にすることもポイントです。

例えば、

「日商簿記資格試験で合格したいです」

よりも、

「毎朝5時起きで1時間勉強し、半年後、日商簿記2級に合格します」

というほうが、より自分の思いが強く伝わりますよね。

さらに重要なのが、人前で話す前に、実際に口に出してリハーサルするということです。

声に出すことでさらに腑に落ち、叶うイメージが湧いてきます。新年度の新しい場、仲間の前で元気に明るく自己紹介をして、さらに願望を叶えていきましょう。

とはいえ、「そんな目標や抱負、パッとは浮かびません……」という方もいることでしょう。中にはいろいろ話すことを考えてはいたけれど、多人数を前にしたらスコーン！　と頭から抜けてしまって言うことを忘れてしまった……なんて人もいるかもしれません。そんなときはどうしたらいいのか？

簡単です。**人前に立ったらまず、「緊張しちゃいますね……」と、素直に自分の気持ちを言ってしまいましょう。**

「え、わざわざそんなこと、言っていいんですか？」という声が聞こえてきそうです。はい、緊張してしまったら、それを禁止しないことがポイントなのです。それこそ、「緊張しちゃう」と実際に口に出していったほうが一呼吸つくことができて、心も体もリラックスした状態で立て直していけます。

そして、「目標もない」「抱負もない」、そんな方はこれだけ伝えたらいいのです。

「ご一緒できて嬉しいです」

新しい出会いを喜び、ご一緒できることへの嬉しさを伝えればいいのです。


「この素晴らしい職場でご一緒できて嬉しいです！」

「このサークルでご一緒できて嬉しいです！」

「この新規プロジェクトでご一緒できて嬉しいです！」


そう言われた側もほっこりと温かな気持ちになり、それこそ嬉しい気持ちでいっぱいになります。

そんな温かな雰囲気のなか、ゆっくりと立て直して話し出せばいいのです。

第3章

未来をつくる自己紹介7つのルール

01 ルール❶ 肩書きではなく「セルフイメージ」が大事

ここからは、具体的に自己紹介で未来をつくるために押さえてもらいたい「7つのルール」をお教えします。先にルールを共有します。

ルール❶ 肩書きではなく「セルフイメージ」が大事
ルール❷ 自己紹介は「自己PR」として話す
ルール❸ 1分・30秒・15秒の3パターンを持っておく
ルール❹ 「私たちと一緒に〜しませんか?」で未来の仲間にする
ルール❺ 是が非でも「顔」と「名前」を覚えてもらう
ルール❻ 「お声をかけてくださいね」で締める
ルール❼ つながる「のりしろタイム」をつくる

「ん？　これはいったいどういうことだろう？」と、興味深々なルールもあったかと思います。ひとつずつ、解説していきましょう。まずは「ルール❶ 肩書きではなく「セルフイメージ」が大事」についてのお話です。


自分の肩書きによって、自己紹介がしづらいというご相談を受けることがあります。

「私は普通の会社員だから、別に大した肩書きもなく、自己紹介がしづらい」

「仕事を複数持っていて、肩書きがいっぱいあり、自己紹介がしづらい」

「自分の肩書きがニッチで、多くの人が興味がなく自己紹介がしづらい」

わかります。でも、このように肩書きの良し悪しに振り回されてはいけません。

「自分のことを、自分でどう見ているのか？」が大事なのです。いわゆる、セルフイメージです。

「私は普通の会社員だから、別に大した肩書きもなく、自己紹介がしづらい」と言いますが、会社員が「普通」だって、誰が決めたのでしょうか？　それを決めた自分ですよね。

会社員でも、いま目の前にある仕事を頑張っていたり、先の未来の起業をしようとしたり、はたまた、趣味や特技を楽しむ人生を送る人だったりと、普通の会社員だけでは収まり切れない人たちがたくさんいるのです。

「まあ、何かに頑張っている会社員の方もいるかもしれませんが、自分はいたって普通です」そう思っているとしたら、違います。なぜなら、会社員で、いたって〝普通〟の人が、本書のような自己紹介の本を手に取るでしょうか？　**この本に興味が湧いて手に取った瞬間から、あなたは〝普通〟の人ではないのです。**

本書のタイトルにある「未来をつくる」という言葉に何かを感じた。このままでは嫌だなと、動き出したい思いがある。突破口が開けたらいいなという思いが潜在的にあるからこそ、この本を手に取ったのです。いかがでしょうか？

「自分は結局アナウンサーになれない人だと思っているから、面接の自己紹介でも自信のない話し方になってしまうのではないですか？」

ＳＴＯＲＹアナウンススクールに通うアナウンサー志望者にも、受験が上手くいかないときには、私はこのような話をします。

すると「はい、松下先生のおっしゃる通りです！　自分はアナウンサーになれないだろうなと思います。自信がないんです！」と、〝自信たっぷり〟に話すスクール生たち。そう、「自信がないことに、自信がある」というおかしな現象が起こっています。

「いやいや、そのセルフイメージを変えようね！」と言いたいのです。


アナウンススクール生がセルフイメージを変えて上手くいった好例もあります。

NHKと地方民放局の2局でアナウンサー経験があったAさん。次のステップアップで3局目の転職をと動き出したあたりで、勤めていた放送局の契約が満了し、退社しました。

そうはいっても、これまでの経験を活かして司会の仕事をするなど、単発でアナウンサーの仕事はしていたのです。しかし、模擬面接コンサル時に、そんな今の自分について、Aさんはこう言いました。

「私はフリーターなので……」

私は怒りました。

「あなたはアナウンサーです。局には務めていませんが、司会などアナウンスの仕事をしているフリーアナウンサーなのです」

2局でアナウンサーをしてきたとはいえ、今はフリーターで自宅でのんびり過ごしている自分。地方暮らしから実家に戻ってきて家族と過ごせるのは嬉しい。でも、アナウンサーとして毎日のようにテレビに出ていた忙しい毎日ではない。そんな今の自分を「アナウンサーである」と自信を持って言える気持ちではなかったのですね。

それはわかりますが、フリーアナウンサーが改めて会社員として局のアナウンサーになるのは、いたって納得のいくことです。「一介のフリーターから局アナウンサーになる」と自らハードルを上げて、できない理由を探していないか、ということなのです。

実際、「私はフリーターなので……」と言っていたときの彼女は模擬面接でも表情も暗く、自信なさげに話していました。私は続けました。

「今は局に勤めていなくても、あなたはアナウンサーです。この意識で自分のことを見てみましょう」

彼女はコクリとうなずき、少し考えていましたが、「そうですよね。アナウンスの仕事も単発でもしていますから、私はいま、フリーのアナウンサーなんですよね」と腑に落ちた様子でした。

その後、うまくいかなかった転職も一気に進みだしました。自信をもって面接で自己紹介ができ、面接官とのやり取りも笑顔で話せるようになっていきました。

そして、あれよあれよという間に、最終的には地方民放局3局、トリプル内定を勝ち得たのです。「松下先生、どこの局に行けばいいのか迷いますね」という、嬉しい結果となりました！

つまり、**自己紹介で自分の仕事について話すとき、あなたが何をしている人なのかという肩書きに興味や関心が注がれるわけではない、ということです。**

あなたの仕事やサービス、商品によって、聞いている人たちがどう変化するのか？どう成長できるのか？　ということに興味や関心が注がれるのです。

「松下公子です。STORYアナウンススクールの代表です」よりも、「松下公子です。倍率1000倍と言われるアナウンサー試験で3局トリプル内定に導く実績のある、STORYアナウンススクール代表です」。

「ダイエットコーチで食事や体重管理のサポートをしています」よりも、「食事制限しなくても1か月で2キロ痩せる、ダイエットサポートをしています」。

どちらも後者のほうが、グッと心をつかみませんか？

「私はこのような変化や成長を促すような力がある、そんな人間ではないので……」という方も中にはいるでしょう。ですが、100人いれば、100通りの自己紹介がありります。変化と成長についての自己紹介は、ひとつのパターンだと思ってください。

セルフイメージによって、自己紹介をする自分の言葉が変わります。

「自信があるのか、ないのか？」「パッと人を惹きつける明るい雰囲気になるのか、暗くなるのか？」すべて、セルフイメージにかかっているのです。

ちなみに私のセルフイメージは「アナウンススキルを教える人」ではありません。

初めてのスクール生に自己紹介するときは、こんなふうに話すことがあります。

「私はアナウンススキルを教える人ではありません。
アナウンサーになりたいけど、無理、ダメだと心のどこかで思っている皆さんを、アナウンサーになる未来に導く人です」

こう話すと、「松下先生の力強い言葉に勇気と元気をもらいました！」「一度は諦めたけど、頑張ろうと思いました！」と個別でメッセージをいただきます。

もし、私のセルフイメージが「アナウンススキルを教えている講師である」というものだったとしたら、前述の3局トリプル内定を出すようなサポートはできなかったと思います。

倍率1000倍と言われるアナウンサー試験に1局内定させるためだけでも、コンサルをする私は生徒に寄り添い、時間も労力も、そして今まで培ってきた経験とものすごいエネルギーを注ぎます。

でも、私のセルフイメージは「アナウンサーに内定させる〝導く人〟だ」と自分で思っています。だから、内定を目指して生徒に寄り添って伴走し、全力でサポートができるのです。それがしっかりと成果となり、自己紹介で話せる実績へとつながっているのです。


「自分のことを、自分でどう見ているのか？」

そのセルフイメージが現実を、そして未来をつくります。

02 ルール❷ 自己紹介は「自己PR」として話す

そもそも、自己紹介ってなんでしょう？　この定義をすり合わせていこうと思います。

自己紹介とは、自分の名前や所属先、仕事内容、家族構成や趣味や特技など、自分がどういう人間なのかということを相手に伝えるというものです。

自己紹介は初めての場や「はじめまして」の相手にするものですから、こちらの情報を伝えることにより、自分を知ってもらう入り口になります。**でも、「未来をつくる自己紹介」としての定義は、「自己PR」として話していただきたいのです。**

自己PRというのは自分の強みを伝え、なおかつ相手にとってあなたとつながることがメリットになると示すことです。

以前、ある講座に参加したときに「アナウンサー内定コーチという仕事をしていて、スクールの代表です」と、参加者の方と名刺交換をしました。そのとき「私はアナウンサーになりたいわけではないので、そんな名刺を渡されても興味がないんですよね」と冷たく言い放たされたことがあります。ショックでした。こう見えてメンタルが弱い私は、その言葉をきっかけにビジネスパーソンが集まるような場にあまり行かなくなってしまいました。

でも、救いがあったのが自己紹介の場です。多人数の場で、「アナウンサーで……」と自己紹介することで、「その自己紹介の方法を教えてください！」と、お声がけをいただいていたのです。

第2章でも述べましたが、まさに自己紹介は「受身の営業」なのですね。

ただの自分の紹介ではなく、相手のメリットになるように、自分の話をする。とはいえ、相手にとっては何がメリットになるのか、わからない場合が多いと思います。

そのときは、マス、つまり多くの方が興味や関心を持つように、自分の見せ方を変えるのです。

前著の出版をきっかけに、私がビジネス誌「プレジデント」に取材掲載されたときのことです。アナウンサー内定コーチというニッチな仕事が、ある切り口でたくさんの人たちのお役に立てることがわかったのです。

編集者さんから、「取材のご協力、ありがとうございました！」というメールとともに届いた雑誌。ワクワクドキドキして開いてみると、記事のタイトルと説明文にはこう書かれていました。

「倍率1000倍に合格する人、必ず落ちる人の自己PR法」
～高倍率の面接で「選ばれる人」はどのような話し方をしているのか、倍率が1000倍を超えることもある難関のアナウンサー試験において、教え子の8～9割を内定に導くアナウンススクールのメソッドを聞いた～
（「PRESIDENT」2023・7・14号 特集「頭がいい話し方 バカの話し方」より）

アナウンサーになれる人は、ほんのわずか。一握り。でも高倍率の試験に受かりたいという就職・転職志望者はこの世に多くいて、お役に立てる！

この大手ビジネス誌の取材掲載をきっかけに、私はビジネスパーソンが多く集まる場に行くとき、名刺交換などでの第一声で、こう言うようになりました。

「松下公子です。倍率1000倍！ 高倍率の面接を突破させるプロです」

いかがでしょうか？ この自己紹介をすると、「スゴイですね、何を教えているのですか？」「高倍率を突破する秘密って何ですか？」と皆さん、興味津々で質問をしてくれます。

実はこの自己紹介で、興味や関心を持ってくれたメディアの方から取材依頼をいただき、さらにメディア露出を果たしました。

私も、自己紹介で未来を現在進行形でつくり続けています。

03 ルール❸ 1分・30秒・15秒の3パターンを持っておく

「自己紹介はワンパターンしかない」という方が多いのですが、あなたはどうでしょうか?

でも、自己紹介が求められる状況によって3つのパターンを持っていると、慌てずに堂々と自己紹介することができます。**時間にして、15秒と30秒、そして1分の3パターンです。**

15秒は名刺交換や軽い挨拶といった自己紹介パターン。

文字数にしておよそ80文字。現在のあなたの実績(現在)を語ることをお勧めしています。

例えば「倍率1000倍! 高倍率の面接を突破させるプロです」という自己紹介。

こちらを例にすると、15秒は時間が短いので、今あるもの(実績、スキル、経験など)

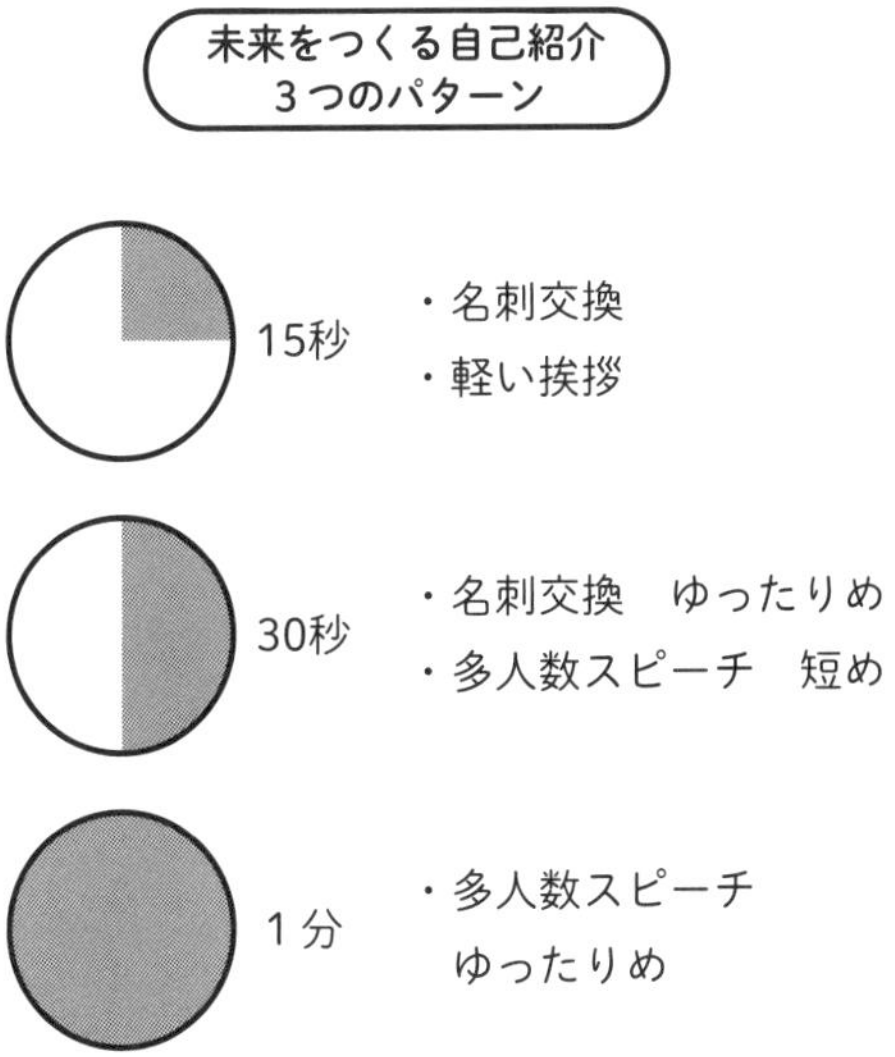

を遠回りすることなく、ズバリお伝えするイメージです。

書籍のタイトルも短い中でインパクトを出すために数字をよく使っていますね（ちなみに私の場合も1冊目の本は『「たった1人」に選ばれる話し方』、2冊目は『転職は話し方が9割』というタイトルでした）。

さて、先ほどの例で言うと「1000倍」のような大きな数字を入れないとダメなのではと思いがちですが、そんなことはありません。「地域で1つ」など、小さい数字でもいいのです。自己紹介15秒以外でも、**数字を入れることは相手の心をつかむので、ぜひ積極的に活用していきましょう。**

未来をつくる自己紹介は時間軸で語る
～過去、現在、未来～

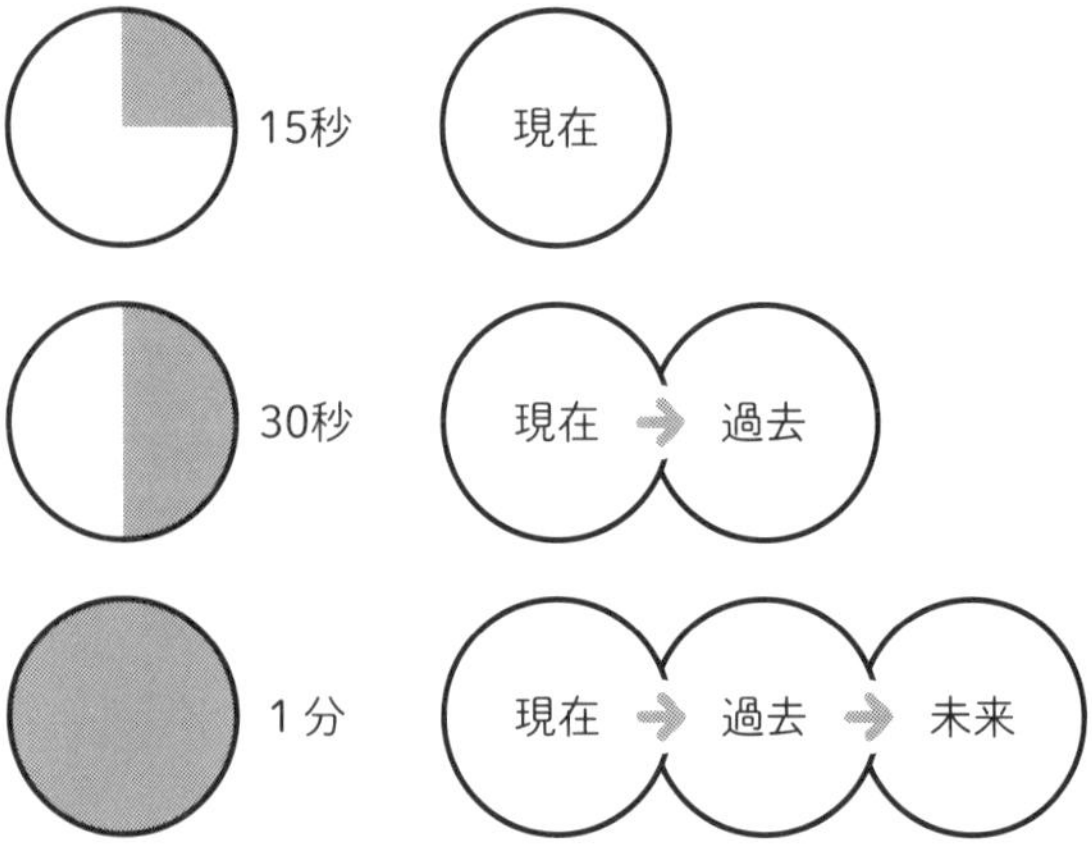

「この領域では、当社のシェアは80％近くにも達しています」
「今まで約１３００社で、この商品を導入していただきました」
「業界大手のS社さんやN社さんとも、10年以上にわたってお取引があります」

短いフレーズだけどインパクトを残したいときに、数字は効果的なスパイスとなります。

さらに短い時間でしか話ができなかったとしても、数字という客観的な視点から、「信頼できる人である」「信頼できる会社である」という印象を、相手に与えることができます。

30秒はゆったり名刺交換や一言会話、短めの自己紹介のパターン。

文字数にしておよそ150文字。あなたの過去から現在を語ることをお勧めしています。

「ゴールデンサークル理論」という有名な学説があります。マーケティングコンサルタントであるサイモン・シネックが、2009年に「TED Talks」でプレゼンした「優れたリーダーはどうやって行動を促すのか」の中で提唱した理論です。

ここで紹介されているのは、**物事を伝える際には、「WHY（なぜ）」→「HOW（どうやって）」→「WHAT（何が）」の順番で話したほうが、相手から共感を得られやすい**という理論です。

数字や理論などの説明も大切ですが、人の心を動かすのはあくまで感情の部分であるということ。「WHY（なぜ？）」の部分から話をすることで、感情を刺激して、相手の心をぐっとつかみやすくなります。

以下は、シネックの著書『WHYから始めよ！ インスパイア型リーダーはここが違う』（日本経済新聞出版）の内容から抜粋して、概要をまとめたものです。

ゴールデンサークル理論

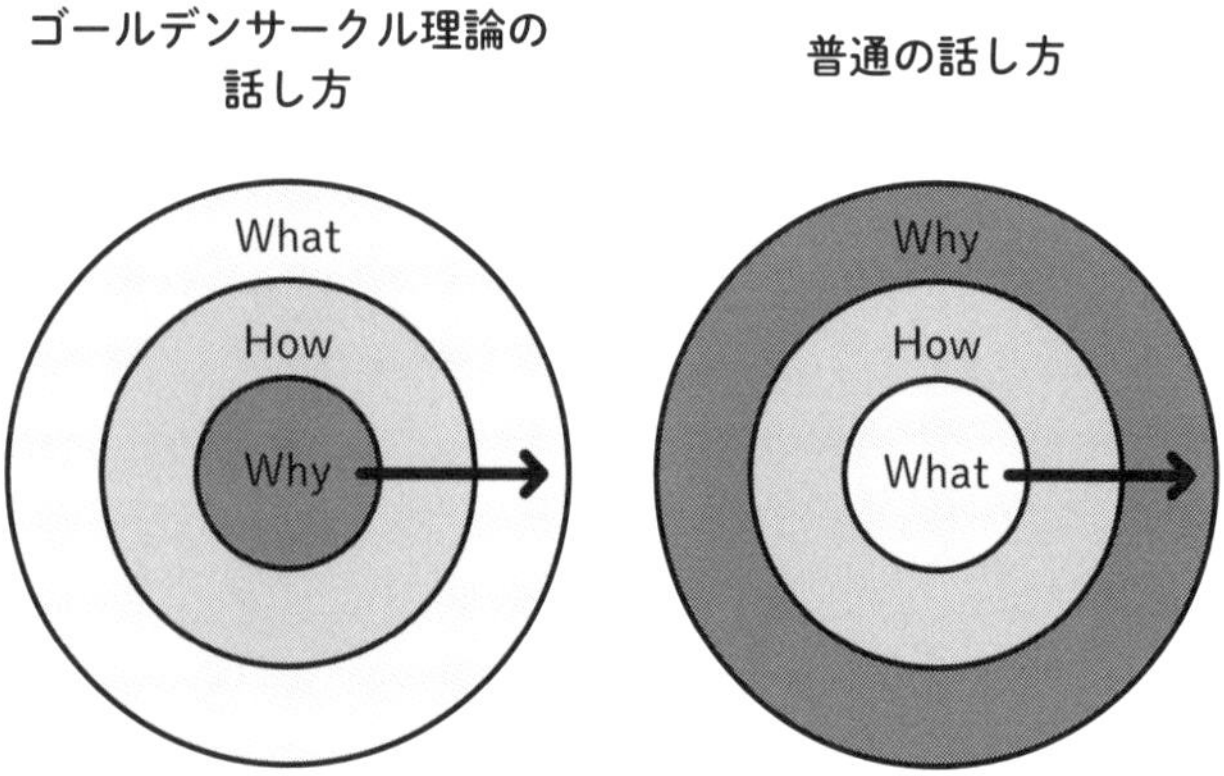

ＩＴ業界最大手のアップルが他の企業と同じように「ＷＨＡＴ」、つまり企業が何をし、何からつくっているのかという説明から始めたとしたら、こんなメッセージになることでしょう。

「われわれは、すばらしいコンピュータをつくっています。
美しいデザイン、シンプルな操作法、取り扱いも簡単。
一台、いかがです？」

こちらの例は、どれだけアップルのコンピューターが優れているかを伝えようとしています。ですが、実際にアップルが市場に送っているメッセージを見てみましょう。

「現状に挑戦し、他社とは違う考え方をする。それが私たちの信条です。製品を美しくデザインし、操作法をシンプルにし、取り扱いを簡単にすることで、私たちは現状に挑戦しています。
その結果、すばらしいコンピュータが誕生しました。
一台、いかがです？」

こちらのメッセージのほうがコンピュータを買いたくなりませんか？　アップルのメッセージは「WHY」から始まっています。人は「WHAT」から買うわけではなく、「WHY」、つまり何のために売ろうとしているのか、そのことを知り、共感してから買うということです。

自己紹介に話を戻します。多くの方が自分の肩書きや仕事について話をするかと思います。そのときに、どんなに優れたサービスなのか、高性能である商品なのか、「WHAT」から始めても相手の心には響かないのです。**それよりも、「なぜ、この仕**

事をしているのか?」といった「WHY」から自己紹介していくことで、好印象を持たれるようになります。

30秒・150文字の自己紹介で、ぜひ、あなたの「WHY」を語ってください。

1分はゆったりスピーチ、名刺交換、会話の自己紹介パターン。

文字数にしておよそ300文字。あなたの過去から現在、さらに未来、ビジョンを語る自己紹介をしてください。

アナウンサー志望者からよく受ける質問に、「どうしたら、魅力的に話せますか?」というものがあります。

無理やり高い声を出したり、笑顔をつくったりしても無駄です。自分でやっていて違和感があることは、相手にも違和感を感じさせます。

それよりも「未来を語りましょう」と、私はアドバイスをしています。

多くのアナウンサー志望者は、自己紹介してくださいと言われると、理想のアナウンサー像を述べてから「こんなアナウンサーになりたいです!」で、話を終えます。

私からすれば、アナウンサーになるのは当然のこと。想定内で、言うほどのことでもない。ここから大事なのは、「アナウンサーになった先の未来に、何を伝えたいのか」ということです。

「アナウンサーになって、地域で頑張る人たちの思いを伝えたい」

「アナウンサーになって、食の大切さを多くの人たちに伝えたい」

「アナウンサーになって、古くからの伝統を守る若者たちの活躍を伝えたい」

などなど、伝える仕事のアナウンサーだって、伝える内容は多種多様。

「誰の何のお役に立ちたいのか？」「自分自身、どんな未来を描きたいのか？」ここまで自己紹介で未来が語れると、表情も生き生きした熱のこもった魅力的な話し方になるのです。

採用側から見て好感が持てるのはもちろん、実際にアナウンサーとなって、伝えている未来の様子がイメージできるような人です。いくらビジュアルが良くても、スタイルが良くても、未来に何ができるのかイメージできなければ、タレントやモデルに仕事を任せたほうがいいのです。

これはアナウンサー受験だけではなく、どんな職種の仕事にも言える話です。相手に未来のイメージを沸かせることで、「ぜひ、あなたにお願いしたい！」「一緒にやって欲しいです！」と、仕事やプライベートで関係性を築くことができるのです。

ですから、1分の自己紹介では、

「どんな未来をつくりたいのか？」
「どんな夢を叶えたいのか？」
「どんな世界に行きたいのか？」

この3つに対する答えを盛り込んで、あなたがつくり上げたい未来（ビジョン）を話してください。

そんなワクワクした自己紹介に、人は惹きつけられるのです。

04 ルール❹「私と一緒に〜しませんか？」で未来の仲間にする

前項で「未来（ビジョン）を語りましょう」とお伝えしました。

さらに自己紹介で大事なのは、**『はじめまして』の相手との未来（ビジョン）を語りましょう！**」ということなのです。


あなたの過去からの現在までの人生ストーリーには、初対面の相手は存在しません。

やっと今、自己紹介をしているこの瞬間に、出会っている。

ということは、初対面の相手とは、これからの未来を一緒につくっていくわけです。

このことを、自己紹介で話してほしいのです。


「〝未来を一緒に〟と言っても、出会ったばかりの人に何を言えばいいのか……」

では、このフレーズを使ってください。**それが「私と一緒に〜しませんか？」とい**

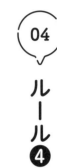

う声がけです。

例えば、ヨガの先生が自己紹介で「ヨガレッスンを楽しんでください」というよりも、

「私と一緒に、ヨガレッスンを楽しみませんか？」

と言うほうが、距離も一気に近くなり、グッと親しさを感じさせますよね。

まだヨガレッスンもしていないのに、一緒の未来を感じさせるフレーズなのです。

イソップ童話の「3人のレンガ職人」の話はご存じでしょうか。

3人のレンガ職人が忙しそうに働いていました。通りかかった旅人が3人に「あなたは、何をしているのですか？」と尋ねました。

1人目の職人は「親方に言われた通り、レンガを積んでいるんだ」と答えました。

2人目の職人は「私は生活のために働いているのです」と答えました。

3人目の職人は「私は、大聖堂を造っているのです。これで多くの人は悩みから救われ、幸せになれるでしょう」と答えました。

多くの方にとって、3人目の職人の話が心に響いたのではないでしょうか？

レンガを積むという単純作業でもなく、自分の生活のためだけに、というわけでもない。多くの人の悩みを救い、幸せになるための大聖堂をつくりあげるという思いに、グッとくるのです。

これに、さらに「私と一緒に～しませんか？」というフレーズを入れたら、どうなるでしょうか。

「私は、大聖堂を造っているのです。これで多くの人は悩みから救われ幸せになれるでしょう」
「私と一緒に多くの人の悩みを救い、幸せにする大聖堂の建築をやりませんか？」

前者は「私はひとりでやっています」という内容ですが、後者は一転、「一緒に頑張る仲間」を募っている声がけになりました。

私は出版講演会などで多人数の前で話すときに、「私と一緒に～しませんか？」のフレーズをよく使います。場を盛り上げたいときは、話し手ひとりだけの力ではなかなか、難しいのです。それよりも、参加者の方やスタッフのみんなの力を借りればいいのです。

「私ひとりの力では限界があります。ぜひ、参加者の皆さんも一緒に、この場を盛り上げていきませんか？」といった声掛けでスタートすることもあります。

初対面の相手であっても、「私と一緒に〜しませんか？」のフレーズでもう、すでに仲間なのです。一気に一体感が感じられる場となり、そんな自己紹介をするあなたに皆、注目するのです。

05 ルール❺ 是が非でも「顔」と「名前」を覚えてもらう

ここまでは自己紹介で何を話せばいいのか？　という話をしてきましたが、一番重要なのは「顔」と「名前」を覚えてもらうことだと私は思っています。

なぜ、そう思うのか？　それはアナウンサー試験を突破した経験がベースになっています。


アナウンサー試験の採用担当者にとって最も大変なのではと思うのが、書類選考です。キー局と呼ばれる大手局のアナウンサー志望者は何千人、地方局でも何百人の中から書類選考が行われます。面接に行ける人数が絞られるとはいえ、一次面接では3〜5人といったグループ面接で対応します。午前と午後に分けて、複数のグループの面接が行われます。

面接官も実は大変な仕事です。その中で、まずは彼らの印象に残る必要があります。

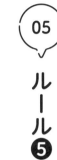

面接が終わった後に、「あの子、良さそうだよね……松下公子さん」などと、名前、そして顔を覚えてもらうことが大事なのです。良くも悪くも印象に残らなければ、選ばれないのです。

まずは顔を覚えてもらうことについて。「顔というと、見た目が良くないといけないですよね……」という声が聞こえてきそうです。

もちろん、見た目の印象は大事です。ただ、見た目の良さ以外にも顔を覚えてもらうための具体的な方法、行動やしぐさがあるのです。

まず、**「そもそも、覚えてもらおうという意識が、自分にあるのか？」**ということです。「どうせ自分なんて多人数の中にいるひとりにしか過ぎない、誰も私のことなんて気にも留めないし……」そう思っていませんか？

だとすると、当然ながら「覚えてもらう」ための行動を自分からとろうとしませんから、まさにセルフイメージ通り、「多人数の中にいる一人」にしか過ぎない、「誰も私のことなんて気にも留めない」が叶ってしまいます。

私が大学4年時に、ある地方局の面接に行ったときのこと。

「あーもう、上手く話せなかった……」と、面接会場から早く去りたいという気持ちで他の受験者とともにエレベーターに乗ろうとしたところ、面接官の方も一緒に乗ってきました。

なんというタイミング！　恥ずかしすぎて、顔を隠したいくらいの心境でした。

そんな中、「私、背が高すぎて、頭ぶつけたりして大変なんですー」と、たまたま私の隣にいた、同じ面接を受けた女性が話し始めました。

「〇〇さん、背が高いと思ってたんだよ。何センチ？」

「170センチです！」

「わあ！　確かに日頃、いろいろ頭をぶつけそうだ」

先ほどまで私が緊張して話していた面接官たちが、にこやかに話をしている。それも、彼女の名前を覚えている。私からしたら、驚きです。そしてその理由が別に、何かスゴイ経験があるからではない……。

面接官と別れた後、「つい、自分から話し出しちゃった！」と彼女はその後、笑って話していましたが、確実に面接官の記憶に残ったなと思いました。

そして、やはりというべきかその後、彼女はアナウンサーに内定したと聞きました。

自己紹介は立って行う

自分を覚えてもらいたいという意識を持つかどうかで、その先の未来は変わるんだな……と思った経験でした。

さて、一般的な自己紹介の場面に話を戻します。

こんなことってありませんか？　数名で座っていて一番最初の人が座って自己紹介したら、二番目以降の人たちも座ったまま自己紹介をするというパターン。

でも、人数が多すぎたり、遠めだったりすると顔が見えない。さらに、声も聴きとりづらく何を言っているのかわからない。

そんな多人数で座っている場所にいる場合

は、立って自己紹介をすることです。そうすれば顔もよく見えて、自己紹介もしっかりと伝えることができます。

以前参加した会で、最初は皆、座って自己紹介をしていたのですが、私の番が回ってきたときに、さらりと立ち上がりました。みなさん、「おっ！」といった感じで注目してきました。

私は待ってましたとばかりに「このように立って自己紹介をするとよく声も聞こえて、顔も見えますので印象に残るんですよ」とお伝えし、「さすがアナウンサーですね！」というお声をいただきました。

是が非でも、自分の存在を知らしめる、「顔を見せる工夫」をしましょう。

ただ、紹介された側からすれば、顔を見てどんなに好印象だったとしても、名前を覚えていなかったり、わからなかったりしたら、どうでしょう？　声をかけづらいですよね。会話をしていたとしても、今さら何と言って名前を聞けばいいのかわからない。そうすると、それがずっと気になってしまって、楽しく会話できなくなってしまいます。

だから自己紹介をする側は、初対面の相手に名前を覚えてもらうために、さまざまな工夫をする必要があります。ここからは「すぐに実践できる！　名前を覚えてもらう方法」を、項目立ててご紹介しましょう。

●名前はフルネームで名乗る

「鈴木です」「田中です」などと、名字だけで名乗っていませんか？

名前はあなたの看板なのです。**しっかりと、「松下公子です」といったように、フルネームで名乗りましょう。**名字で名乗るよりも情報量が多いので、記憶に残りやすいのです。

そして、名前から親しみやすく感じる共通点を見出すこともあります（私はよく「公子って、うちのお母さんと同じ名前なんです。絶対に忘れないです」と言ってもらえることも多いです）。

印象に残るという意味でも「松下です」と名字だけ名乗るよりも、「松下公子です」とフルネームで名乗ったほうが丁寧です。この出会いを大切にしてくれているのだなと、相手は感じるので、好印象になります。

●名前は最後に、もう一度繰り返す

通常の自己紹介では「挨拶＋名前」で始める方が多いのではないでしょうか。これは、基本の自己紹介の入り方としては完璧です。ただひとつ、デメリットがあるのです。

最初に名前を名乗った後、仕事のことやプライベートのことなど、魅力的な自己紹介をしたとします。ですが、相手の心のうちは、こんなふうなのです。

（わー、素敵な方！……ところで名前、なんだっけ？）

相手が興味や関心を持ったときにはもう、名前は名乗り終わっています。何の気なしに自己紹介を聞いていたとしたら、人によっては「名前、なんだっけ？」となってしまうのです。

どうすればいいのか？　簡単なことです。その場合は、最後にもう一度名前を繰り返せばいいのです。

例えば、こんな感じです。

「松本友里子と申します。仕事は国産バイリンガルの育て方講師をしています。

英語ができないお母さんでもできる、英語子育ての方法をお伝えしています。いろんな英語教材や英語塾があふれている中で、少しでも悩んでいるお母さんたちのお役に立てたらと思っています。よろしくお願いします。松本友里子でした」

いかがでしょうか？　このように最後にもう一度、繰り返して名乗ればいいのです。ほんのちょっとのことなのですが、自己紹介セミナーでは「なるほど、目から鱗です！」と反応がいいテクニックです。

●自分の名前を「ネタ」にして自己紹介する

名前を覚えてもらうためにそのまま、自分の名前を「ネタ」にしてしまいましょう！　ということです。

先日、こんな社長さんとお会いしました。

「福島学です。名字はフクシマなのですが、会社の本社は大阪です」

そうなんですね！　と、くすっと笑ってしまいました。このときはいわゆる「社長会」の場で、たくさんの社長さんにお会いしているのですが、こうやって「ネタ」にして書いている通り、しっかりと記憶に残っています。

また、自分の名前の由来を話すのもいいですね。例えば、「たくみ」という読みの名前でも、「拓海」「拓実」「匠」「工」「巧」……と、さまざまな漢字が当てられます。

「拓未です。漢字は『開拓』の〝拓〟に、『未来』の〝未〟です。『未来を切り拓く』という意味を込めて、親がつけてくれました」

と自己紹介で話すと、下の名前も覚えてもらいやすいですし、なんといっても親御さんの思いが伝わってきます。

さらに名前と仕事を両方あわせて、自己紹介してしまうというパターンもあります。以前、自己紹介セミナーに参加された花市《はないち》義男さんは、こんな自己紹介をされました。

「花市義男といいます。近所にハナイチという花屋さんがあるのですが、私は花屋ではありません。仕事は……ノゾキを生業としています。いえ、警察にお世話になるようなノゾキではありません（笑）。花は花でも花の中にある花粉を、電子顕微鏡を使ってのぞく仕事をしています。まるで、不思議の国のアリスが、小さな動物の洞窟をノゾいているような、そんなミクロ・ナノの世界を日々味わっています」

面白いですよね！　オリジナリティがあります。

花市さんが経営する会社のホームページから会社概要を拝見すると「電子顕微鏡による試験・検査・分析」「試料作製・撮影」「技術指導（講義、実技による）」「電顕関連機器、消耗品の企画・製造・販売」と書いてあります。もし、そのまま仕事の内容について話そうとしても、初対面の人にはちょっと伝わりにくそうです。

ですが、こんなオリジナルの自己紹介をしてくれたおかげで、「花市さんの名前と仕事をすぐに覚えてしまいます！」と、ご一緒した参加者さんから声が上がりました。

あなたの名前と仕事を、どう関連づけることができるのか？ ぜひ、これを機会に考えてみてください。

●「申し遅れましたが」と後出しじゃんけんで名乗る

「はじめまして。松下公子と申します」と、最初は「挨拶＋名前（フルネーム）」で自己紹介を始めるのが定番だと、就職転職の面接では指導しています。

ですが場によっては、この始まりの型をくずしてみてもいいのです。

例として、この本の「はじめに」の冒頭部分を再掲します。

自己紹介って、緊張しますよね。何を話せばいいのか、わからないですよね。
それは私も同じです。自己紹介、苦手です。
（中略）
申し遅れましたが、私は元アナウンサーで、STORYアナウンススクールの代表の松下公子と申します。

これです。**最初に名前を名乗らない。「後出しじゃんけん」で名を名乗る。**

最初に、「自己紹介って、緊張しますよね」「何を話せばいいのか、わからないですよね」「それは私も同じです。自己紹介、苦手です」と、初対面の相手に寄り添った話題や共通点を見出した話をする。

そして、グッと興味を持ってもらったところで、「申し遅れましたが、私は元アナウンサーで、ＳＴＯＲＹアナウンススクールの代表の松下公子と申します」と名乗るのです。

私は本書を含めて3冊の本を書いていますが、すべての前書きで、この入り方をしています。このノウハウは自己紹介でも使えます。

共感や興味や関心を持ってもらったところで、名前を名乗る。「後出しじゃんけん」をする。

自己紹介の始まり方のひとつとして、ぜひ、覚えておいてくださいね。

06 ルール❻ 「お声をかけてくださいね」で締める

自己紹介をする方の9割以上が言うフレーズがあります。何かわかりますか？

それは最後の締めの「よろしくお願いいたします」です。

これ、いったい何が「よろしくお願いいたします」なのか、考えたことはありますか？

「うーん、締めに『よろしくお願いいたします』というのは普通じゃないか？」

そうです、普通のことですね。もう少し詳しく解説すると、締めに「よろしくお願いいたします」ということで、「この自己紹介は終わりましたよ」と、それこそしっかり締めることができるということです。

ですが、「未来をつくる自己紹介」をするためには、「よろしくお願いいたします」に、さらなる意味を付けていただきたいのです。

例えばこんなフレーズはどうでしょうか？

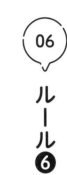

（社労士の場合）

「労働トラブル対応に強い社労士です。無料相談30分やっています。ご興味ありましたらお声がけください。よろしくお願いいたします」

（メイクサロンの場合）

「自分の良さを引き出してくれるメイクにご興味ある方はどうぞ、お声をかけてくださいね。よろしくお願いいたします」


誰もが皆、一方的に売り込まれるのは嫌なのです。例えば、お店であなたが洋服を見ていたとします。そんなとき、「こちらですね！」とお店のスタッフが一方的な説明や、強引なセールストークを展開し始めたらどうでしょう。購入するつもりだったとしても、「売り込まれたな」と嫌な気持ちになりませんか？

これを「心理的リアクタンス」と言います。私たちは何かを押し付けられたりすると、自分の意志や選択の自由が侵害されたような感覚を抱き、拒否反応を起こすのです。

ですから、私たちが商品やサービスを提供するときには、相手の意志を大切にし、選択権を与えることが重要です。

その言葉が「ご興味あったらお声がけください」なのです。

この一言で相手に選択権を与えることができ、興味がある人だけがあなたに声をかけてくるようになります。

あなた自身、「売り込む」といったストレスを抱くことなく自分の仕事の紹介ができますし、相手も提案してくれたことで、声をかけやすくなるのです。

07 ルール7 つながる「のりしろタイム」をつくる

「ご興味ありましたらお声がけください」というメッセージは送っています。でも大事なのは、そのあと。**言われた方があなたに声をかけるための時間をつくってほしいのです。**

自己紹介をする場で、相手があなたに興味を持ったとします。その後、あなたがそそくさとその場から立ち去ってしまったとしたら、声をかけたくてもかけられないのです。会が終わってもすぐには帰らないということです。

声をかけてもらい、時にはあなたから声をかけるという時間は「のりしろタイム」です。初対面の相手の方とつながるための時間なのですね。

また、「さっき、おっしゃっていた話なのですが」と、話の続きが聞きたくて声をかけてきた方がいた場合の注意点を、ひとつ。**ついつい話し込んでしまって、2人だ**

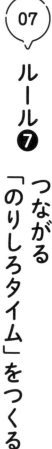

けの世界をつくってしまわないように、ということです。

1人があなたに声をかけてきたということは、他にもあなたに興味があって話したいなと思っている人がいる可能性があります。お話ししながらも、ちょっと視線をずらして目配りをしてみてください。一緒に話をしたくて、後ろで待っている方がいるかもしれません。遠目から様子をうかがっている方がいるかもしれません。

そのときは声をかけてみて、今お話し中の方と交えて3人で話すのもいいでしょう。また別の視点での話を聞けて、さらに盛り上がることもあります。あなたがどんどん、他のたくさんの方も一緒に繋げていくことも、「のりしろタイム」の活用法なのです。

そして、二次会や懇親会などがある場合は、ぜひ参加しましょう。「飲みニケーション」という言葉もありますね。お酒を飲みながら、または飲めなくても食事をしながらコミュニケーションを楽しみ、仲を深めたいものです。

食事を一緒にすると相手からの印象が良くなるという心理的効果もあります。「ランチョンテクニック」と言い、アメリカの心理学者、グレコリー・ラズランが1938年に明らかにした心理テクニックです。

自己紹介は興味を持ってもらうきっかけです。そこからどのように関係性をつくっていくのかは、あなたの行動次第なのです。

第4章

未来をつくる自己紹介話し方テクニック

01 挨拶とお辞儀の仕方で「品」を見せる

ここからは、倍率1000倍のアナウンサー試験に合格させてきている私が、アナウンサー受験者に何を教えているのか？　その自己紹介の話し方テクニックをお伝えしていきます。

自己紹介の入りの基本は「挨拶とお辞儀」です。

特に就職や面接、そのほかオフィシャルな場では、きちんとした雰囲気を見せたいところです。

そんな「品」を演出してくれるのが、挨拶とお辞儀なのです。

「はじめまして」「こんにちは」この挨拶の第一声は、明るく生き生きした声で発したいものです。

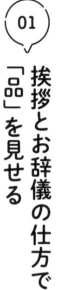

最初の挨拶が暗いトーンから入ってしまうと、その後の自己紹介はずっと、そのままの暗いトーンで話すことになってしまいます。話し方のテンションをいきなり変えることは難しいのです。

その後に、お辞儀です。

よく見られるNGパターンは、「こんにちは」と言いながらお辞儀をしている人です。お辞儀をして下を向いているということは、「こんにちは」という声も下に向いているわけです。

でも、あなたが自己紹介したい相手は誰かと言うと、目の前にいる相手です。間違っても床が相手ではないわけです。

ですから、「挨拶」と「お辞儀」を一緒に行ってはいけないということです。それぞれ丁寧に行いましょう。

「こんにちは」と言ってから、お辞儀をするのです。ここで2つ、注意点があります。

1つめは角度です。会釈の15度の角度でお辞儀をしてください。

2つめはお辞儀をして一番下まで来たら、ピッと1秒止めるということです。

そしてゆっくり顔を上げていくと、とてもきれいなお辞儀に見えます。

またお辞儀をしている間に、話をしない「間（ま）」ができます。

それが自分を注目させるという効果があります。ちょっと人が多くてガヤガヤしている場で話すときは、より一層効果的です。

とはいえ、場によっては「挨拶とお辞儀」から始めなくてもいいと、第3章で話しました。

では、どんな内容の話で自己紹介を始めたらいいのか？　それを次にご紹介いたします。

02 「今日の話」から始めることで注目させ、共感を得る

「こんにちは。松下公子です」といった挨拶から始まる、定番の自己紹介の入り方。これ以外にお勧めする入り方としては、「今日の話」から始めるというパターンがあります。例えば、こんな感じ。

「ここに来るまでに行列、ありましたよね。何だったかご存じですか？（みな、知らないという顔）並んでいる人に声をかけて聞いてみたんです。そうしたら昨日、テレビで美味しいお饅頭の店として紹介された店に並んでいるということでした（「へー、そうなんだ」という反応）申し遅れましたが、私、秋葉考二と申します。」

いかがでしょうか？

初対面の相手とは今までは何の関係もなかった。ですが、今日という日だけは共通

点があります。朝起きて、出かける準備をして、会場に向け移動し到着。そして今、自己紹介を始めるこの瞬間まで、同じタイムライン（時間軸）を過ごしています。

この今日というタイムラインの中で、何か共通点を見出して話をすると、一気に注目を浴びて共感を得ることができます。

「自己紹介って、自分の話をしなくてもいいんですね」と驚かれることもあります。みなさん、自分の実績や経験、資格などを話さないといけないと思いがちです。でも、まずはこの場にいる人に注目してもらい、共感を得てから、メインとなる自分の話をするという「話し始めの手法」もあるのです。

アナウンサー試験の自己紹介でも指導しているノウハウです。アナウンサー志望者は縁もゆかりもない地域の放送局を全国受験する方も多いのですが、「私はこんな仕事をしています」と始めるよりも、

「今日、札幌入りしたのですが、試験前に味噌ラーメンを食べてきました」

「地元の方とお話して、『試験頑張ってね』と応援していただきました」

など、その地域に着いてからどんな行動をしたのか、誰に会ったのかといったこと

を話すようにしましょうと、お伝えしています。

さらに、「今日の話」から、「今、ここの話」に絞ることができると、より一層、相手にとって話が「自分事」になり、注目と共感を得やすくなります。

こんな応用バージョンもあります。以前、自己紹介セミナーをホテルの会場で行いました。自己紹介の公開コンサルで、「このホテルの会場、実は結婚式をした場所なんです」と話し出した受講者の男性。

「わー」「へぇー」と感嘆の声が上がり、注目されていました。つかみはＯＫで、とても良い自己紹介をしていました。

「今日の話」「今、ここの話」いずれも話す時間の割合としては、2：8。1分なら20秒。あとの40秒はメインの自分の仕事のことを話すといいでしょう。

また、自己紹介はつい、自分の話を一方的にするものだと思いがちです。たった1分の自己紹介でも5人、10人と続けば、聞いているほうは飽きてしまいます。そして、「記憶に残らない人」になってしまいます。

ですから、相手に「問いかける」のです。まさに先ほどの行列の話が好例です。

「ここに来るまでに、行列ありましたよね。何だったかご存じですか？」

こう問いかけると、訊かれたほうは3パターンに分かれると思います。

「行列が何だったのか知っている人」「何の行列か知らない人」、さらに「行列があったことさえ知らない人」。結論、この答えに正解はありません。

ポイントは「行列、確かにしていたなー」「いや、していたかな？」と、話を聞いている人たちの「自分事」にして、考えさせたことにあります。

あなたの自己紹介は、「問いかけ」をひとつ入れるだけで、相手の心に入り込むことができるのです。

私は話し方をテーマにした研修や講演会でよく、この「問いかけ」を使います。


「自己紹介は苦手、緊張しちゃうよ、という方はどれぐらいいらっしゃいますか？手を挙げてください。（会場のほとんどの方が手を挙げる）ありがとうございます。ほとんどの方が自己紹介が苦手で緊張しちゃうんですね！　でも、大丈夫です。今

日の講演会に参加していただいたみなさんには、自己紹介が楽しくなり、さらにご縁がつながる方法を持ち帰っていただきますので、楽しみにしていてください。改めまして、松下公子です」

こんなふうに、冒頭の挨拶とともに自己紹介を始めます。

「手を挙げてください！」もぜひ、使ってみてください。参加型になるので、「問いかけ」とワンセットで活用するといいでしょう。

03 相手に五感を感じてもらうVAKを意識する

自己紹介の内容が相手にさらによりよく伝わり、好印象として記憶に残る方法があります。

それは「自己紹介で五感を感じさせる」という手法です。五感とは視覚、聴覚、触覚、味覚、嗅覚を指します。

VAKモデルという言葉を聞いたことがありますか？　心理学のひとつであるNLP（神経言語プログラミング）の代表的な理論です。

VAKは人の脳のタイプを視覚（Visual）、聴覚（Auditory）、体感覚（Kinesthetic）の3つに分け、私たちがどの感覚をより多く使う傾向にあるか、「脳のクセ」を表すモデルのひとつです。相手のタイプに響く言葉を使うことにより、共感されて記憶に残る自己紹介ができます。

ひとつずつ、タイプについて説明していきましょう。

VAKモデル

VAKモデル	特徴	よく使う言葉
視覚 (Visual)	・イメージする ・色や形で捉える ・映像を思い出す	**視覚に関する表現** ・見える ・明るい ・ビジョン
聴覚 (Auditory)	・意味を考える ・計算する ・予測する	**聴覚に関する表現** ・聞こえる ・響く ・リズム
体感覚 (Kinethetic)	・味わう ・感情を考える ・善悪を考える	**体感覚に関する表現** ・感じる ・触れる ・つながる

視覚（Visual）優位の人は、主に視覚を用いて認識する特徴があります。頭に描いたイメージや映像で考える傾向があり、「見える」「明るい」「ビジョン」など、視覚に関する表現をよく使う傾向にあります。

聴覚（Auditory）優位の人は、論理的に理解することを好む特徴があります。「聞こえる」「響く」「リズム」など、聴覚に関する表現をよく使う傾向にあります。

体感覚（kinesthetic）優位の人は、体の感覚を重視する特徴があります。「感じる」「触れる」「つながる」など、体感覚に関する表現をよく使う傾向にあります

VAKモデルを取り入れるポイントは、万

遍なく自己紹介に取り入れることです。一人ひとりがどんなタイプなのかは、じっくり接してみないとわからないからです。それぞれのタイプは一定数の割合でいますし、視覚と聴覚が両方優位であるなどの「混合タイプ」の方もいます。

「VAKを万遍なく自己紹介に入れるのは難しそう」と思う場合は、自己紹介を「共感ストーリー」で話すことをお勧めします。

第1章でも紹介した「共感ストーリー」とは、自分の経験と熱い思いを語るというプレゼン手法です。共感ストーリーの特徴は、ある一場面をありありと思い浮かばせることができるため、視覚、聴覚、体感覚に訴える話の内容に仕上げられることです。

参考までに米国の元大統領、バラク・オバマ氏のスピーチをご紹介いたします。2004年7月27日の民主党大会で、大統領になる前に初めて行ったスピーチです。ここでは、自己紹介もしています。

「皆さんに深く感謝します。ありがとう。ありがとう。深く感謝します。……ディック・ダーバンさん（イリノイ選出の上院議員）**、貴職は私たち皆に誇りを与えてくれました。**

わが国の中枢部であり、リンカーンの故郷でもある偉大なイリノイ州を代表して、この党大会で演説する名誉を与えられたことへの深い謝意を評させてください。

今夜は私にとって特別に名誉なものなのです。なぜなら、私がこの壇上に立っているのは、実にありそうもないことだからです。

私の父はケニヤの小さな町に生まれ育った留学生でした。

彼はヤギを追いながら育ち、薄い屋根の掘建て小屋のような学校に通いました。

彼の父親は、つまりわたしの祖父ですが、料理人でイギリス人の執事でした。

でも祖父は、自分の息子のために大きな夢を抱いていました。

大変な努力と忍耐を通じて、私の父はこの奇跡の地で学ぶための奨学金を受ける資格を得ました。その地とは、これまでそこへやって来た人々にとって自由と機会の灯台として立つアメリカです。

この地で学んでいるとき、私の父は私の母と出会いました。

彼女が生まれたのは世界の反対側にある、カンザス州の町でした。

彼女の父親は大恐慌のほとんどの期間を油田の掘削機と農場で働いていました。

真珠湾攻撃の日の後、彼は兵役に服してパットン将軍の部隊に参加してヨーロッパを進軍しました。

家では私の祖母は自分たちの子供を育てつつ、爆弾製造ラインへ働きに出かけました。

戦後、彼らはGI Bill（復員兵援護法）で学び、連邦住宅局を通じて家を購入し、そして機会を求めて西部へ移動しました。

そして彼らもまた、自分たちの娘へ大きな夢を抱いていました。それは2つの大陸で生まれた共通の夢です。

私の両親が分かち合ったのは、本当はありそうもない愛情だけではありませんでした。彼らはわが国における可能性への不変の信念を分かち合ったのです。

両親は、それが寛大なアメリカにおいて成功への妨げにならないことを信じつつ、私をアフリカの名前で〝神聖なる〟を意味するバラクと名づけました。

彼らは裕福ではなかったにも関わらず、寛大なアメリカにおいて、皆さんがその潜在能力を発揮する上で裕福である必要がないが故に、私が国中で一番優れた学校へいくことを心に描きました。

既に両親は共に亡くなっています。

でも、私は知っています。今夜、彼らが誇りをもって私を見守ってくれていることを。

私は今日、私の受け継いだ様々な遺産が、私の両親の夢が私の大切な2人の娘たちへの夢として生き続けていることを気づかせてくれていることに感謝しつつ、この場所に立っています。

私は今日、私の道のりがより壮大なアメリカの物語の一部に過ぎず、そして、私以前にこの国へやって来た人々への恩義を感じつつ、そしてこの地球上で、私の辿った物語が達成できる国は他にはないということを自覚しつつ、ここに立っています」


いかがでしょうか？

共感ストーリーにより、視覚、聴覚、体感覚に訴えるスピーチになっています。

さらにもうひとつ、言葉ではない方法で、五感を感じさせる自己紹介の方法があります。

視覚なら、「見せる」、聴覚なら「聴かせる」ということです。

❶見せる
❷聴かせる
❸香らせる
❹味わわせる
❺触らせる

ひとつずつ、ご紹介いたしましょう。

❶見せる

私たちは自己紹介はもとより、言葉だけで相手の心を動かそうとしてしまいがちです。**ですが、何かを見せることでグッとイメージが湧き、相手の印象に強く残るという効果があります。**

例えば、以前自己紹介講座に来てくれたFP（ファイナンシャルプランナー）の女性。節約術で、メディア出演もされている方でした。

「私が今、着ているワンピース、いくらだと思いますか？　実は500円なんです！」

と言って参加者さんを「えー！　そう見えない！」と驚かせていました。その後、どこのお店なのかで話が盛り上がって、講座の進行ができなかったほどです。自分の仕事のテーマである節約術を、そのときに着ている500円のワンピースを見せて紹介したのですね。

もうひとつ、洋服を使った例です。自分の似合う色の診断をしてくれるパーソナルカラー診断をされている方の自己紹介。

「今、着ているパープルは私の良さを一番に引き出してくれる色なんです」と話してくれました。

パーソナルカラー診断と言われてもよくわからない人も、実際とてもお似合いのパープルのトップスを着ている彼女を見たら、「なるほど！　確かに素敵だわ」と興味や関心が湧きます。

洋服以外でも何か、モノを見せるのもいいでしょう。持ち運べるサイズの商品であれば、持参して見せながら自己紹介をしてもいいのです。

アナウンサー試験でも、モノを見せて自己紹介をする方もいます。「母がつくってくれた手作りのお守りなんです」と、手縫いのお守りを自己紹介の最初に見せて話をしていました。

この話から感じられるのは、一言でいうと「いい子そうだ」だということです。お母さんと仲がいいんだな、お母さんの愛情いっぱいに育てられたんだなという、親子関係と育ちの良さが感じられます。

アナウンサーは小さなお子さんから高齢者の方まで、幅広い方に親しまれる存在であることが求められます。「手づくりのお守りで、地域の皆さんに愛される存在になるのでは？」とイメージを沸かせることができるのですね。

さて、一般的な自己紹介に話を戻します。

「私が扱う商品やサービスはサイズが大きいので、持ち運ぶことができません」という方もいます。

その場合のモノ見せの仕方は「写真」です。写真であれば、どんな大きなサイズのモノでも見せることができます。

とはいえ、写真そのものが手札サイズで小さいものですから、自己紹介の後で見せることがお勧めです。自己紹介の中で「ご興味ある方は写真を持ってきていますので、後ほどお見せします。お声がけください」と言えばいいのです。

以前、画家の方が講座に参加されたのですが、作品の写真とポストカードを持ってきていました。「素敵ですね！」とその後の懇親会でみんなで見ていましたが、中にはその場でポストカードを購入されていた方もいました。

またカジュアルな場によっては、気軽にスマホに入っている写真を見せ合うこともできますね。

❷聴かせる

あなたの自己紹介で音や声など、何か特別なものを聴かせることはできないでしょうか？

皆がそんな聴かせる自己紹介ができるわけではないと思いますが、このような視点、アプローチから考えたことがない人がほとんどですから、ちょっと考えてみると面白いですね。

アナウンサー以外にも、司会やナレーターなど声を使うプロの方から、ユーチューバーやインスタライブをしている方、コールセンターなどの接客関係の方も声を使いますよね。**その仕事によって独特な声の出し方や挨拶の仕方があるので、ここをひとつ、つかみにしてみるのはどうでしょう。**

例えば、キャビンアテンダントさんが自己紹介するとしたら、「皆様こんにちは。今日も○○航空△△△便をご利用くださいましてありがとうございます。私がどんな仕事をしているかおわかりかもしれません。私は○○航空でキャビンアテンダントをしています、田村千紗と申します。よろしくお願いいたします」といった話し始めです。

このように仕事とつながっている「聴かせる」自己紹介もありますが、まったく関係のないパターンもあります。以前、ある会でご一緒して自己紹介された男性。英ロックバンド「クイーン」の故フレディ・マーキュリーのものまねで「♪ウィー・ウィルウィー・ウィル ロック・ユー！」と、歌を歌いだしたのです。周りはびっくりしたのですが、ひげを蓄えたその雰囲気がフレディ・マーキュリーそのもので、「おお！」と歓声が上がりました。それがまた年商億を超えた会社の社長さんだったので、ギャップで心をつかみその場にいた人たちに強い印象を残しました。

声だけではなく、音ではどうでしょう？　何か聴かせられるものはないでしょうか？　少人数であれば、スマホから録音した音などを聴かせることもできますね。

さあ、自己紹介で何を聴かせますか？　イメージを膨らませてみましょう！

❸香らせる

「自己紹介に〝香り〟が必要なの？」と驚かれたかもしれません。そもそも香りや匂いも、自己紹介の要素のひとつです。

私は外回りで多くの人に会う営業マン向けに営業研修をすることがあるのですが、そこでも「口臭、体臭ケアをおこないましょう！」とお伝えしています。

まずは良い香りを漂わせる前に、「臭くない」を目指すことが大事です。

さらに応用編として、香りの力を戦略的に使うことをお勧めします。

香りを感じる「嗅覚」は、五感の中で唯一、脳の大脳辺縁系に直結しています。そのため、五感のうちで最も記憶に定着しやいのです。お味噌汁の香りを嗅ぐと小さい頃のお母さんとの記憶が思い出されたり、ある香水の香りを嗅ぐと昔にお付き合いした人を思い出す。こういった現象を「プルースト効果」と言います。特定の香りを嗅ぐことで、その香りと紐づけられている記憶や感情が呼び起こされるというものです。語源になったのは、フランスの作家、マルセル・プルーストの著作『失われた時を求めて』冒頭のワンシーン。

「私は、そのマドレーヌの一片を浸けてほとびさせたお茶を一匙、機械的に、唇にもつていつた。（中略）瞬間、私は身震いした。何か異常なものが身内に生じているのに気づいて。なんとも言えぬ快感が、孤立して、どこからともなく湧き出し、私を浸してしまつているのだ」
（新潮文庫『スワンの恋――失われた時を求めて 第一巻』淀野隆三・井上究一郎 訳）

主人公の少年が紅茶に浸したマドレーヌのその香りを嗅いだ瞬間、幼少期がフラッシュバックするという場面です。そこから「プルースト効果」と名付けられました。

また、あなたの商品やサービスで何か香りがするものがあれば、実際に嗅いでもらうのもいいですね。なにかありますでしょうか？

自分に香水などの香りを使った演出をするのも一興です。ほんのり良い香りは記憶に残り、人から好感も持たれます。効果的な香りの代表的な7つの種類と、それぞれ与える印象をまとめてみましょう。

①フローラル（花の香り）：バラ、ジャスミン、ライラックなど、花の香りが主体となっている特徴。女性らしさや優雅な印象を与えます。

②オリエンタル（東洋の香り）：スパイス、バニラ、アンバーなど、東洋の香りが含まれるのが特徴。セクシーでエキゾチックな印象を与えます。

③ウッディ（木の香り）：サンダルウッド、シダーウッド、パチョリなど、木の香りが特徴。温かみのある落ち着いた印象を与えます。

④シトラス（柑橘系の香り）：レモン、オレンジ、グレープフルーツなど、柑橘系の香りが特徴。爽やかで軽快な印象を与えます。

⑤グルマン（食べ物の香り）：バニラ、チョコレート、キャラメルなど、食べ物の

香りが特徴。甘くて魅惑的な印象を与えます。
⑥フレッシュ（爽やかな香り）：ミント、シトラス、グリーンなど、爽やかで清涼感がある香り。清潔感と爽やかな印象を与えます。
⑦アクアティック（水の香り）：海風、水の香り、海藻などの清涼感のある香り。自然な風や潮風のような爽やかな印象を与えます。

ただし、注意点があります。いろいろな香りが混ざると不快な匂いの原因になるため、身体を清潔な状態にしてから。香りをつけましょう。また、体温の高い場所である手首や首元に1～2プッシュ程度で、つけすぎに注意です。

ぜひ、香りを使った演出に挑戦してみてはいかがでしょうか？

❹味わわせる

味も、香りと同じように記憶を呼び起こします。小さい頃によくお母さんと一緒に食べていたパンや、友達と一緒に塾帰りに食べていたお菓子、寒い冬の日におばあちゃんがつくってくれたシチューなど。何か思い出の味はありますか？

私も局アナ時代、数十年前になりますが、当時、食べた塩むすびが忘れられない思い出です。桜が満開の4月。愛媛の地域を盛り上げる地元の農家さんたちを取材したのですが、その中で、一緒にお花見をしながら食べた塩むすびが本当に美味しかった。ほっかほかのごはんに塩を付けただけのシンプルなおにぎりなのに、いくつでも食べられる。あのときの塩むすびの味とともに農家のお母さんたちのニコッと目じりが下がった温かな笑顔は今でも忘れられません。

何かあなたの商品やサービス、紹介したいもので食べられるものがあれば、ぜひ味わわせてください。「そんな、自己紹介の最中に食べてもらうなんて、できないですよ」という場合は、「後ほど召し上がってください」とお土産として渡すのもひとつの手です。

また、オノマトペを使って味わわせる方法もあります。オノマトペとは、キラキラ、ゆらゆらなどの擬音語・擬声語のことです。「美味しい手づくりクッキーを販売しています」よりも、

「サクサクして美味しい手づくりクッキーを販売しています」

と言うほうが、実際に食べてはいませんが、食べたときのイメージが湧きません

か？

「もちもち」「ほくほく」「ふわとろ」「ふっくら」「カリカリ」など、美味しそうに感じさせるオノマトペをぜひ使って、自己紹介で味わわせてみてください。

❺触らせる

手づくりワンピースをつくっている女性が自己紹介講座に来てくれたときのこと。

「今、着ているワンピースは私が手づくりしたものなんです。このリネン素材は柔らかくて、さらりとした肌触りが特徴なんです」と話をしてくれました。

私からは「『この私が着ているワンピースは……』と、視覚に訴えて紹介しているところがいいですね！　また、興味を持ってくれた方には後ほど触ってもらうといいですよ」とアドバスをしました。


自分の商品やサービスで何か触れるものがある場合は、触ってもらうことでより一層、良さや魅力が伝わります。


また自己紹介の前後に、「握手」をするというのもお勧めです。

日本人は別れ際に握手をすることが多いですが、海外では初めましての挨拶での握手が主流です。

握手のように肌に触れるスキンシップをすると、人間の脳からは神経伝達物質であるオキシトシンが分泌されます。オキシトシンは愛情ホルモンや絆ホルモンと言われていて、相手を信頼しても良いという合図が送られるという特徴があります。

握手のポイントは相手の目を見るということ。そして、強く握りすぎないようにしましょう。相手の手を包み込むように優しく握るイメージです。

04 「〇〇と呼んでください」と自分からリクエストする

「鈴木さん」「山田さん」と名字で呼び合うよりも、下の名前やニックネームで呼び合うと友好的な雰囲気になります。例えば、私の名前でいうと、「松下さん」よりは「公子さん」と呼んでもらうイメージです。

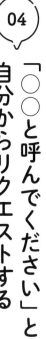

ただ、どのタイミングで、気安く相手の名前を呼べばいいのか？　悩むこともあるのではないでしょうか。

だから、自己紹介で自分から「〇〇と呼んでください」とリクエストするのです。

ちなみに「さん」よりは「ちゃん」のほうが相手に対して堅苦しさを感じさせず、フレンドリーな印象を与えることができます。

私も「きみちゃんと呼んでください」とリクエストすることがあります。すると、出会ったすぐその場で「きみちゃんですね」とすぐに呼んでくださり、一気に距離が近くなるのを感じます。

ただ、フォーマルな場や相手によっては不適切と感じられることもあります。TPOに合わせてリクエストするようにしましょう。

05 最後に「お辞儀」をすることで、また注目させる

名前はフルネームで名乗った！　目の前にいる人との未来のストーリーも語れた！　ですが、1分話し終えた後にそそくさと座ったり、ステージからさっさと降りたりしていませんか？

実は最後に、これをやってもらうとさらに好印象を与えられるという、しぐさがあります。

それはお辞儀です。「よろしくお願いいたします」と言った後、一度お辞儀をすることで、最後にまたあなたに注目させることができます。

そして何と言っても、気持ちよく「今、自己紹介が終わったのだな」と思わせられます。

はじまりの「こんにちは！」「はじめまして！」の第一声が生き生きと元気な声で始まったとしても、最後がいつ終わったかどうかがわからないと、せっかくの自己紹

介も台無しです。

注意点としては、話しながらお辞儀をしないということ。

「よろしくお願いいたします」と話し終わってから30度のお辞儀をしましょう。下まできたらピッと止める。そしてゆっくりと顔を上げていきましょう。キレイで品のあるお辞儀であり、自己紹介の締めとなります。

そして、もうひとつ、このお辞儀をする副産物としては、たくさんの拍手がもらいやすいということがあります。自己紹介を終えてからさっさと動き出して、次の人の番につなげてしまうと、周りの人も拍手のタイミングが掴めなかったり、拍手が起きないことすらあるかもしれません。

お辞儀は拍手をさせる「間《ま》」をつくることにつながります。

ぜひ、キレイなお辞儀で締めて、たくさんの拍手をもらってください。

06 9割の人がやっていない自己紹介の練習

「どうしたら緊張しないで自己紹介ができますか？」

私が講座をやっている中で一番、よく質問されるお悩みです。

「緊張するのは当然！　だって、人間なんだから！」とわかっていても緊張してしまうのは、本書でも説明してきたとおりです。

そんな嫌な緊張を和らげる自己紹介ノウハウがあります。

それは、自己紹介の練習です。

当たり前のことだと思われるかもしれませんが、私の講座で「自己紹介を練習したことはありますか？」と聞くと、「練習してきました！」と自信をもって手を挙げてくれるのは、ほんの数名です。「こんなふうに自己紹介で話そうと、イメージはしてきました！」という方はいますが、イメージだけでは手に入らないものが、話し方&伝え方なのです。

実際に声に出してみることが大事なのです。

それも、実際に自己紹介をする場面と同じような状況、環境をつくって練習をするのです。


あなたは座って自己紹介をしますか？　それとも立って？

6人ほどの少人数に向けて話しますか？　それとも100名規模の大人数に向けて？


できれば、だれか目の前に人がいる状態で話すことが望ましいです。

とはいえ、100人を前に話すのと完全に同じような環境をつくるのは難しいので、その場合は、イメージの力を使います。

100人が目の前にいると思って話す。そうすると、目線はどうだろうか？　姿勢はどうだろうか？　と意識して話してみるのです。


そして、それをぜひ、録画してください。

今は手軽にスマホで撮影ができます。自分が話している姿を見たくないという方も中にはいるでしょう。でも、客観的に自分がどのような自己紹介をしているのかがわからないと、せっかくこの本でマインドやスキルを学んでも十分に生かすことはできません。

私も局アナ時代は、自分が出演した夕方のニュース番組が終わって、すぐにその録画を見ていました。「あのときのコメントは、もう少し違う内容を言えばよかったかも」「スタジオゲストとの会話、時間管理に焦って早口になってしまったな」など、アナウンサーも出演した番組は必ず後で見て、反省をします。

そして大事なのが次のアクション。「じゃあ、どうする？」という改善を試みるアクションができるかどうかなのです。改善アクションをとるために、自分のしゃべり、自己紹介を録画して客観的に見るということをぜひ、やってみましょう。

そして、できれば第三者からのフィードバックをもらいましょう。自己紹介を聴いて、見て、どう感じたのか？　さらに良くする点は何か？　これを具体的に言ってもらいましょう。

そしてまた、改善を繰り返していくのです。

07 アナウンサー直伝！話し方テクニック9選

ここからは「話し方テクニック・実践編」です。

上手く話すコツは皆さん、ただ知らないだけ。知ってすぐに実践すれば、たった1日で話し方がキレイになり、わかりやすく伝えることができます。

アナウンサー直伝の話し方テクニックを9選にまとめました。

❶「です――」と語尾を伸ばす癖を直す

「今日未明、名古屋市東区で『家が燃えている』と、付近の住民から119番通報がありました。

消防車が出動し、火はおよそ2時間後に消し止められましたが、住宅2棟が全焼しました。

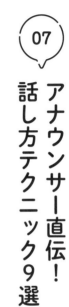

出火当時、住民は外出中でした。警察と消防は、出火原因を調べています」

STORYアナウンススクールでは右記のようなニュース原稿を読むレッスンがあります。このような原稿を読むと、その人にどんな話し方の癖があるのかが、読んでもらうだけでわかってしまいます。

例えばこんなふうに、語尾を伸ばす癖。

「今日未明ー、名古屋市東区でー、『家が燃えている』とー、付近の住民からー、119番通報がありましたー」

このような語尾を伸ばす言い回しの癖がついている人は、自分にとって楽な話し方をしているのです。リラックスしているのは良いのですが、聴いた人がどう感じるのかが大事なのです。

確かに日常会話の中で、「ありがとうー」「わかるー」など自分の感情を表現するのに語尾伸ばしを使うと、雰囲気を和らげ親しみやすさを演出することができます。ただ、初対面の方に出会う場面やフォーマルな場はだらしない印象を与えることもあるので、気を付けたいものです。

では、この語尾伸ばしをどうしたら、改善できるのか？　**それは小さい「っ」を入れる気持ちで話すということです。**「こんにちはー、松下公子と申しますー」ではなく、

「こんにちはっ。松下公子と申しますっ」

と、小さな「っ」をいれることで、伸ばしていた語尾を短くすることができるのです。

語尾が伸びているだらしない話し方が、ガラリと変わりますよ。

❷「えー、あのー」のノイズを言わなくなるには

遠い昔、私が通っていた小学校の教頭先生は「えー、あのー」が口癖だった方でした。

全校生徒の朝礼で挨拶をするときには、やんちゃな男子たちが「1回、2回……今日は20回言ってた！」と数えていたぐらいでした。

とても優しい教頭先生で、児童みんなに愛されていました。ただこれも、私たち児童と教頭先生の関係性ができていたからこそ。通常は「えー、あのー」を言わない話

し方のほうが、言いたい内容がストレートに伝わります。「えー、あのー」は自己紹介においては必要のない言葉です。編集カットできたらとてもスッキリして、より一層内容が伝わるようになります。

ではどうしたら、「えー、あのー」を言わなくなるのでしょうか？

その方法を3つにまとめてみます。

・間《ま》を怖がらない

まず、どうして「えー、あのー」を言ってしまうのか？　これがわかると改善法が見えてきます。

まず、何を言おうかな、と考えるときに、「えー、あのー」を言っているのです。次に話す言葉を考えてしまっているのですね。その間を埋めるために「えー、あのー」と言ってしまっているのです。

間が生まれることは、怖がらなくても大丈夫です。逆に間がないと、あなたの自己紹介の内容はさらりと聞き流されてしまう可能性があります。相手にあなたを理解してもらうために、間を怖がらずにつくるようにしましょう。

さらに、話し始める前から、話す内容を決めておくことが大事です。何を言うのか決めていないから、「えー、あのー」を言ってしまうのです。自己紹介で何を話すのかを先に決めておきましょう。

・「えー、あのー」を言わないと決めて黙る

これは自分にとって癖になっていて、つい言ってしまうというところもあります。ですから、今までは無意識だったことを、意識するということ。**「えー、あのー」を言わないと決める。そして黙るという意識だけでも効果はあります。**

・「えー、あのー」を接続詞に置き換える

意識して「えー、あのー」を言わなくなれば一番いいのですが、つい言ってしまう方の場合はこの方法。「えー、あのー」の代わりに接続詞に置き換えるといいでしょう。**「さて」「つまり」「それで」などです。**

いかがでしょう？　以上3つを意識してみたら、「えー、あのー」は激減し、伝わる自己紹介に変化しているはずです。

❸もごもごして聴き取りづらいを解消！　よい響きのある声を出す方法

まず、聴き取りづらいのはなぜなのか？　人それぞれ、理由が違います。

自己紹介でとてもいいことを言っているのに、聴き取りづらい。何を言っているのかわからない。これは本当にもったいないことです。

「ん？　もごもごしていて何を言ってるのか聴き取りづらいな」そう感じた話し手を見ると、口の開きが小さい方がほとんどです。

口先、唇だけで話していませんか？「聴き取りづらい」と言われる方は、思い当たるところがあるのではないでしょうか。

その場合はまず、口の開きを大きくすることです。口を大きく開くと、発声された音が口腔内でより広がり、声の響きが増します。それにより明瞭な声がつくり出されます。

また、ベタッとしたしゃべり方で聴き取りづらいという方は、口を横に開いて話しているのかもしれません。その場合は、口を縦に開く「縦開き」を意識して話しましょう。

そしてとっておきの方法があります。**それは母音を響かせて話すということです。**

例えば、「まつした　きみこ」の母音は「あういあ　いいお」です。大事なのは正しい口の形で母音を発声するということです。

左の図を参考にしてください（母音の口の動かし方）。

話し出す前に「あえいうえおあお」と何度か繰り返してみましょう。それだけでも声は出しやすくなり、良いウォーミングアップになります。

母音の口の動かし方

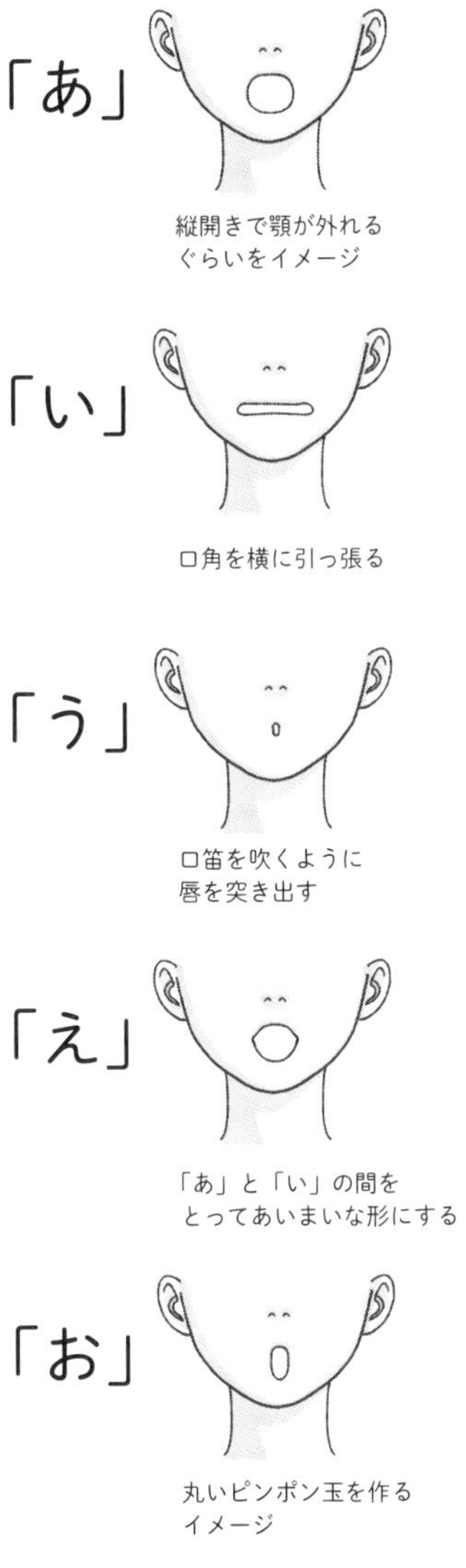

縦開きで顎が外れる
ぐらいをイメージ

口角を横に引っ張る
「う」
口笛を吹くように
唇を突き出す

「あ」と「い」の間を
とってあいまいな形にする
「お」
丸いピンポン玉を作る
イメージ

❹早口の人は「息を吸っているか？」を確かめる

何を言っているのかわからない人のタイプとして、早口の方もいます。思い当たるあなたは、早口の原因は何だと思いますか？

早口も、人それぞれ、原因が違うのです。主には以下の、4つタイプがあります。

・熱い思いを持つ「情熱系」の人は早口！

ご自身がもつ知識や情報を、伝えたいという使命がある。伝えたいという思いが強ければ強いほど思いがあふれてきて、早口になってしまうのです。

・「知的系」の賢い人は早口！

頭の回転が早い方だと、言葉がスラスラと出てきてしまうのですね。相手が1を言ったら、10を言葉で返すことができる人です。

・せっかちで、仕事が早い人は早口！

特性的に丁寧さよりも、早さが命。早くしゃべりたい、声に出したい人です。

す。

・早くその場を切り抜けたい、逃げたい人は早口！

緊張しているなどのせいで、早く話し終えたい。この場を早く終えたいという人です。

どうでしょう？「あ、これ、私だ」という原因、ありましたか？

ちなみに、私も早口なのですが、その原因は「自己満足タイプ」。元アナウンサーという仕事柄、滑舌《かつぜつ》がいいのです。早口で話すとパシッ、パシッと、言葉の音が周りの空気を切るような感覚が体全体を覆います。実はそれが、気持ちいいのです。それでついつい、早口になってしまう。名づけるなら「聞き取りやすい早口&自己満足型」といったところでしょうか。

早口の原因は一人ひとり、性格や職種、状況などによって違います。ただ、どんなタイプの人でも共通していることがひとつ、あります。それは早口で話すことが自分にとって一番、気持ちがいいペースでの話し方だということです。

でも、それでは聴き手、初対面の相手を置いてきぼりにしています。相手のことを考えることができれば、自分が言いたいことをまくしたてるように話すことはできないのです。

と言っても、早口が癖になっていたり、緊張でつい早口になり、自分でも歯止めが利かないということもあります。その場合はどうしたらよいのか？

「息を吸っているか？」を問うてみてください。「あれ？　私、息してるかな？」と、ハッと我に返ってもらうことが目的です。

早口な人は話し出したら、止まらない、止まれない状況です。だから、自分を客観的に見る視点が必要なのです。そのきっかけとなる問いかけが「息を吸っているか？」なのです。

また、暴走して早口にならないためには、聴き手を見るということも大切です。一方的に話しているときこそ、早口になりがちです。訊き手の様子を見ながらゆっくりと呼吸をして、自己紹介をしてくださいね。

❹噛まないための練習法と噛んだ時の対処法

「話していて噛んでしまうことがあるのですが」というお悩みをよく聞きます。噛まずに滑らかに話せるようになるには「滑舌トレーニング」をしていきましょう。

噛んでしまう原因は主に、舌の動きが悪いからです。

よく知られる滑舌トレーニングの練習法に、「外郎売《ういろううり》」というものがあります。江戸中期の歌舞伎役者、二代目市川團十郎の作による口上で、アナウンサーや俳優養成所などのレッスンで、発声練習や滑舌のトレーニングにおいて使われます。以下に少々長いですが全文掲載しますので、実際に口に出して読んでみてください。

拙者親方《せっしゃおやかた》と申すは、お立合《たちあい》の中《うち》に御存知《ごぞんじ》のお方もござりませう《しょう》が、お江戸を発《た》って二十里上方《かみがた》、相州《そうしゅう》小田原《おだわら》一色町《いっしきまち》をお過ぎなされて、青物町《あおものちょう》を登りへおいでなさるれば、欄干橋虎屋藤衛門《らんかんばしとらやとうえもん》只今《ただいま》は剃髪致《ていはついた》して、円斎《えんさい》と名乗りまする元朝《がんちょう》より大晦日《おおつごもり》までお手に入れまするこの薬は、昔ちんの国の唐人外郎《とうじんういろう》といふ人、わが朝《ちょう》へ来《きた》り、帝《みかど》へ参内《さんだい》の折《おり》から、この薬を深く篭《こ》めおき、用ゆる時は一粒《いちりゅう》づつ、冠《かんむり》の隙間《すきま》より取り出《いだ》す。依《よ》ってその名を帝より、とうちんか《こ》うと賜《たまわ》る、即《すなわ》ち文字《もんじ》には、「頂《いただ》き、透《す》く、香《におい》ひ」と書いて、「とうちんか《こ》う」と申す。

只今はこの薬、殊《こと》の外世上《ほかせじょう》に弘《ひろ》まり、方々《ほうぼう》に似看板《にせかんばん》を出《いだ》し、イヤ、小田原《おだわら》の、灰俵《はいだわら》の、さん俵《だわら》の、炭俵《すみだわら》のと、色々に申せども、ひらがなをもって「うゐろう」と記《しる》せしは親方円斎ばかり。もしやお立合の中に、熱海《あたみ》か塔ノ沢《とうのさわ》へ湯治《とうじ》にお出《い》でなさるるか、又《また》は伊勢《いせ》ご参宮《さんぐう》の折からは、必ず門違ひ《かどちがい》なされまするな。お登りならば右の方《かた》、お下《くだ》りなれば左側、八方《はっぽう》が八つ棟《むね》、表《おもて》が三棟玉堂造《みつむねぎょくどうづく》り、破風《はふ》には菊《きく》に桐《きり》のたう《と》の御紋《ごもん》を御赦免《ごしゃめん》あって、系図《けいず》正しき薬《くすり》でござる。

イヤ最前《さいぜん》より家名《かめい》の自慢《じまん》ばかり申しても、御存知ない方《かた》には、正身《しょうしん》の胡椒《こしょう》の丸《まる》呑《のみ》、白河夜船《しらかわよふね》、さらば一粒《いちりゅう》食べかけて、その気味合《きみあい》をお目にかけませう《しょう》。先《ま》ずこの薬をかやう《よ》に一粒《ひとつぶ》舌《した》の上にのせまして、腹内《ふくない》へ納《おさ》めますると、イヤどうも云《い》へ《え》ぬは、胃《い》・心《しん》・肺《はい》・肝《かん》がすこやかになりて、薫風喉《くんぷうのんど》より来《きた》り、口中微涼《こうちゅうびりょう》を生《しょう》ずるがごとし。魚鳥《ぎょちょう》・茸《きのこ》・麺類《めんるい》の喰合《くいあわ》せ、その外《ほか》、万病速効《まんびょうそっこう》ある事神の如《ごと》し、さて、この薬、第一の奇妙《きみょう》には、舌のまは《わ》ることが、銭独楽《ぜにごま》がはだしで逃《に》げる。ひょっと舌がまはり出《だ》すと、矢《や》も盾《たて》もたまらぬぢゃ《じゃ》。

そりゃそりゃ、そらそりゃ、まわってきたわ、まわってくるわ。アワヤ喉《のんど》、サタラナ舌に、カ牙《げ》サ歯音《しおん》、ハマの二つは唇《くちびる》の軽重《けいちょう》、開合《かいごう》さわやかに、アカサタナハマヤラワ、オコソトノホモヨロヲ、一つへぎへぎに、へぎほしはじかみ、盆《ぼん》まめ・盆米《ごめ》・盆ごぼう・摘蓼《つみたて》・つみ豆《まめ》、つみ山椒《さんしょう》、書写山《しょしゃざん》の社僧正《しゃそうじょう》、粉米《こごめ》のなまがみ、粉米のなまがみ、こん粉米の小生《こなま》がみ、繻子《しゅす》・ひじゅす・繻子・繻珍《しゅちん》、親《おや》も嘉兵衛《かへい》、子《こ》も嘉兵衛、親かへい子かへい、子かへい親かへい、ふる栗《くり》の木の古切《ふるきり》口《くち》・雨合羽《あまがっぱ》か、番《ばん》がっぱか、貴様《きさま》のきゃはんも皮脚絆《かわきゃはん》、我等《われら》がきゃはんも皮脚絆、しっかは《しっかわ》袴《ばかま》のしっぽころびを、三針《みはり》はりなかにちょと縫《ぬ》うて、ぬうてちょとぶんだせ、かは《わ》ら撫子《なでしこ》、野石竹《のせきちく》。のら如来《にょらい》、のら如来、三《み》のら如来に六《む》のら如来。一寸先《ちょっとさき》のお小仏《こぼとけ》におけつまづきゃるな、細溝《ほそどぶ》にどぢょ《じょ》にょろり。

京《きょう》の生鱈《なまだら》奈良《なら》なま学鰹《まながつお》、ちょと四五貫目《しごかんめ》、お茶立《ちゃた》ちよ、茶立ちよ、ちゃっと立ちよ茶立ちよ、青竹茶筅《あおたけちゃせん》でお茶ちゃと立ちや。

来《く》るは来るは何が来る、高野《こうや》の山《やま》のおこけら小僧《こぞう》。狸《たぬき》百匹、箸《はし》百膳《ぜん》、天目《てんもく》百杯、棒《ぼう》八百本。武具《ぶぐ》・馬具《ばぐ》・ぶぐ・ばぐ・三《み》ぶぐばぐ・合《あ》せて武具・馬具・六《む》ぶぐばぐ、菊《きく》・栗《くり》・きく・くり・三《み》菊栗、合せて菊・栗・六《む》菊・栗、麦《むぎ》・ごみ・むぎ・ごみ・三《み》むぎごみ・合せてむぎ・ごみ・六《む》むぎごみ。あの長押《なげし》の長薙刀《ながなぎなた》は、誰《た》が長薙刀ぞ。向かふ《むこう》の胡麻《ごま》がらは、荏《え》のごまがらか。真《ま》ごまがらか、あれこそほんの真胡麻殻《まごまがら》。がらぴいがらぴい風車《かざぐるま》、おきゃがれこぼし、おきゃがれ小法師《こぼうし》、ゆんべもこぼして又こぼした。たあぷぽぽ、たあぷぽぽ、ちりから、ちりから、つったっぽ、たっぽたっぽ一丁《いっちょう》だこ、落《お》ちたら煮《に》て喰《くお》を、煮ても焼いても喰《くわ》はれぬ物は、五徳《ごとく》、鉄きう《てっきゅう》・かな熊童子《ぐまどうじ》に、石熊《いしくま》。石持《いしもち》・虎熊《とらくま》・虎きす・中《なか》にも、東《とう》寺《じ》の羅生門《らしょうもん》には、茨木童子《いばらきどうじ》がうで栗五合《ぐりごんごう》つかんでおむしゃる。かの頼光《らいこう》のひざ元《もと》去らず、鮒《ふな》・きんかん・椎茸《しいたけ》・定《さだ》めて後段《ごだん》な、そば切《き》り、そうめん、うどんか、愚鈍《ぐどん》な小新発知《こしんぼち》、小棚《こだな》の、小下《こした》の、小桶《こおけ》に、こ味噌《みそ》が、こあるぞ、小杓子《こしゃくし》、こもって、こすくって、こよこせ、おっと、合点《がてん》だ、心得《こころえ》たんぼの川崎《かわさき》、神奈川《かながわ》、程ヶ谷《ほどがや》、戸塚《とつか》は、走って行けば、やいとを摺《す》りむく、三里《さんり》ばかりか、藤沢《ふじさわ》、平塚《ひらつか》、大磯《おおいそ》がしや、小磯《こいそ》の宿《しゅく》を七つ起きして、早天早々《そうてんそうそう》、相州小田原とうちん香《こう》、

隠《かく》れござらぬ貴賤群衆《きせんぐんじゅ》の、花のお江戸の花うゐ《い》ろう、あれあの花を見てお心を、おやゎらぎゃという。産子《うぶこ》・這ふ子《はうこ》に至《いた》るまで、此《こ》の外郎の御評判《ごひょうばん》、御存じないとは申されまい。まいつぶり、角出《つのだ》せ、棒出せ、ぼうぼうまゆに、臼《うす》・杵《きね》・すりばち、ばちばちぐわらぐわらぐわらと、羽目《はめ》を弛《はず》して今日《こんにち》お出《い》での何茂《いずれも》様《さま》に、上げねばならぬ、売らねばならぬと、息《いき》せい引《ひっ》ぱり、東方《とうほう》世界の薬の元締《もとじ》め、薬《やく》師如来《しにょらい》も照覧《しょうらん》あれと、ホホ敬《うやま》って、うゐ《い》ろうは、いらっしゃりませぬか。

「外郎売」を読むポイントはゆっくりと一音一音を粒立てて、はっきりと発音することです。特に「さ行」と「ら行」はアナウンサーも苦手とする音です。丁寧に読み上げて練習していきましょう。

でも、「滑舌トレーニング」もしっかりやって万全な状態。でも、本番で噛んでしまった」そんなときもあるでしょう。ではどうしたらよいのか？　**それは「噛んでも気にせず、しゃべり続ける」ことです。**

むしろ、「え？　私、噛んでませんけど、なにか？」と、ドヤ顔でしゃべり続けてください。自分は「あっ、まずい！　噛んじゃった！」と思っても周りは案外、気がついていない、もしくはさほど気にしていないものです

私もアナウンサー時代は夕方の番組のニュースキャスターをしていましたが、たまには噛んでいましたし、今も講演会や講座などで、噛むときもあります。噛んだことよりも、噛んだ後のほうが大事です。おどおどしたり、しどろもどろになったり、そんな態度や話し方になってしまうほうが目立ってしまうのです。人前で噛んでしまったら気にせず、さらに今まで以上の笑顔でそのまま話し続けましょう！

❻「話がダラダラと長くなり、結局、言いたいことが言えない」を改善する方法

よく「1分で話して」と言われる自己紹介。にもかかわらず、ついつい長くなって言いたいことが結局言えずに、まとまらない。その原因は主に、あれもこれもと、詰め込む情報量が多すぎるということです。当然ですよね。1分は文字数にして300文字。この中に入り切らなければ、時間オーバーです。

ではどうしたら情報量を必要最小限に抑えて、コンパクトに自己紹介が話せるようになるのか？　その方法を3つにまとめてみます。

・話すテーマはひとつに絞る

自己紹介の中に家族の話や趣味や特技、仕事の話でも多岐にわたる内容を入れているとしたら、入り切るわけがありません。

ですから、話すテーマは潔くひとつに絞る。そのほうがかえって「○○の話をした人」として相手の記憶に残り、印象に残ります。

もしくは前述した2対8の法則で、最初のつかみは時間の割合としては2割。1分なら20秒ほどと決め、メリハリある配分で話を組んでいきましょう。

・接続詞を多用して話を続けない

私達は伝えたいことがたくさんあるときについ、「そして」「それに」「しかし」など、接続詞を使って話を続けてしまいがちです。

接続詞は使ってはいけないわけではありませんが、多用しすぎないことが大事です。

無駄に接続して言葉をつなげて、どんどん話が広がっていってしまい、気がついたら時間オーバーというようにならないように気をつけましょう。

・短文で一文は40文字

一文が長く、ダラダラ話しているときは、「〜なのですが」「〜というのも」と話が続く接続詞を使っているときです。**意識としては「短文で早く、句点・文末の丸をつけること」を意識してください。一文＝40文字を目指しましょう。**400文字詰め原稿用紙だと2行、これが目安です。短文で話せるようになると、相手に話がわかりやすく伝わるようになります。

以上の3つを意識すると、ダラダラした長い話がスッキリとコンパクトにまとまり、人に伝わる話し方になります。

❼何を話そうかなと思ったときは、知的に目を伏せて考える

自己紹介の内容は事前に考えておきましょう、とお伝えしています。とはいえ、不測の事態で急に振られて「何を話そうかな」と悩んでしまうこともあるのではないでしょうか？　そんなときの振る舞いと対処法をお教えします。

まず、「いきなりその場で、『何を話そうかな』と考えてもいい！」ということを、強くお伝えします。

アナウンサー志望者でもよくあるのですが、思ってもいなかった質問をされて「どうしよう、考えたこともなかった」とパニックに陥ってしまう方がいるのです。そこで私がお伝えするのは、「落ち着いてその場で考えてね」というアドバイスです。

私もアナウンサーとして入社した愛媛朝日テレビの面接で、考えたこともない質問をいきなり投げられたことがあります。

「アナウンサーじゃなくて、記者として働くのはどうなの？」

「記者……」

アナウンサーになりたかった私は、自分が記者になるなんて考えたこともなかったので一瞬、驚きました。でも、その場で考えたのです、「記者になったとしたら……」と。

そしてゆっくりと、「記者も素晴らしい仕事だと思いますが、私はアナウンサーがいいです。なぜなら……」と、落ち着いてアナウンサーでないとダメな理由を話し、面接官もうんうんとうなずいて納得してくれていたようでした。

多くの人は考えたこともないことを急に問われると、困ってしまっておどおどしたり、沈黙の時間が長くなってしまうこともあります。でも、考えたことがないわけだから、「その場で考える」、これでいいのです。自己紹介も同じです。急に振られて何を話そうかなと思ったときは、その場で考えて話せばいいのです。

そして大事なのが考えるときのしぐさ、中でも目線です。

「えっと」と目線だけ上を向く。時に白目をむいている方もいます。これはあまり恰好が良くないです。

横を見るしぐさ、これも落ち着きがないなと感じられます。

では考えるときはどこを見たら良いのでしょうか？　**お勧めは「目だけそっと伏せて、下を見て考える」ということです。**本人は何を話そうかなと心穏やかでなかったとしても、見た目は落ち着いていて、知的な雰囲気です。多くの方が間《ま》を怖がりますが、相手からしたら大した時間ではありません。

「そうですねー」と言いながら何を話そうかなと目を伏せて、その場で考える。

そして慌てることなく、ゆっくり話し出してくださいね。

❽相手の自己紹介を拝借して、好感を持たれる方法

アナウンサーの仕事のひとつに、インタビューがあります。

取材相手に質問をするということなのですが、ただ質問をすればいいというわけではありません。相手が気持ちよく話してくれて、もっと話したいと思ってもらうために、短い時間で信頼関係を築く。そのためにアナウンサーはいろいろと心がけていることがあります。

そのひとつが「きく」ということです。

「話をきく」という行為には、3つの「きく」があります。

・聞く（hear）

積極的に話を「きこう」と思ったわけではなく、自然と耳に入ってきたという受け身の「きき方」です。

・聴く（listen）

こちらは意識して話に耳を傾ける。漢字に「心」が入っているだけに、心を込めて耳を傾けるという「きき方」です。

・訊く（ask/question）

こちらは相手に質問して尋ねる「きき方」です。

この3つのなかでは、ご一緒した方の自己紹介については、「聴く」をしてください。つまり、相手に意識を向けて、心で聴くということです。

アナウンサーは意識をして話に耳を傾ける「聴く」、相手に意識を向けて「聴く」

の2つを大事にしています。

意識して話を聴いていると「先ほどおっしゃっていたことなのですが」と、さらに突っ込んだ質問ができます。それにより、「このアナウンサーはよく自分の話を聴いてくれているな」と、短い時間でも信頼関係を築くことができるのです。

自己紹介をする場面に話を戻します。複数の人がいて、順番に自己紹介する場合、自分の番を待っているときに何を考えていますか？

「もうすぐ自分の番だな」「何を話そうかな」と、自分にばかり意識を向けているのは実はもったいないのです。**今、自己紹介をしている相手が何を話しているのか？それをちゃんと聴くということが大事です。**

そして自分の自己紹介時には「先ほど、佐藤さんがおっしゃっていた〇〇なのですが、私も同じです」など、共感の言葉を添えてお話してみてください。先に自己紹介をした佐藤さんは、「お！　自分の自己紹介をちゃんと聞いてくれていたのか」と、あなたに対して好印象を持ちます。そして信頼関係を築くことができるのです。

ぜひ、心から相手の自己紹介を聴いて、自分の自己紹介に取り入れてみましょう。

❾オンラインでも好印象！ 3つのチェックポイント

コロナ禍以降、オンラインでの会議、商談、交流会などが日常化するようになりました。

オンラインは対面以上に見た目の印象が大事です。なぜなら、多人数の場合、ずらりと人が並んだ状態で、一目でパッと見の印象がいい人、あまり目に留まらない人の差がわかってしまうからです。

また、オンラインはミュートにして話さない時間が長い場合が多いです。そうするとやはり、どうしても視覚情報、目に見えるものを意識してしまいます。

アナウンサーにとってオンラインは、テレビのスタジオと同じ感覚。番組出演時にはアナウンサー本人だけではなくカメラマンなどのスタッフも一緒に、良い映りで好感を持たれるよう工夫をしています。ここでオンラインでも好印象に思ってもらえる3つのチェックポイントを解説します。

・顔が明るいかどうか？

どんなに素敵な人でも顔に影ができていてよく見えなかったら、台無しです。

リングライトなどの照明で調整するほか、Ｚｏｏｍなどは外見補正などで顔を明るくする機能もあるので、積極的に使って調整しましょう。

昼間であれば一番のお勧めは自然光です。窓側に座って自分の顔が最も明るく、生き生きと見える場所に座りましょう。

また、そもそもなのですが、前髪やサイドのヘアーが顔に覆いかぶさっていませんか？　それだけで影が出て暗く見えてしまいます。顔周りのチェックも忘れずに。

・自分と背景をテレビとして見続けられるか？

オンラインの背景はいろいろ変えられるので楽しいし、いろいろな魅せ方ができます。ただ、背景は多色使いやデザイン性の高さよりも、シンプルなものがお勧めです。大事なのは背景ではなく、あなた自身が目立つことです。あなたを引き立ててくれる背景を選びましょう。

また、背景があまりにも派手だったり、あるいは本人の身なりも派手だと、インパクトはありますが話しかけづらい印象です。ここは引き算で、背景か自身の装いのどちらかをシンプルにしましょう。

イメージ的には自分が映っているオンライン画面をテレビだと思ってください。テレビを見ていてパッと自分出演の番組が映ったとき、ずっと見ていられるかどうか？ということです。

・カメラの位置を調整し、自分の映りを確認

たまに、首から上しか映っておらず苦しそうに見える方や、ものすごくどアップで圧迫感がある方、逆に天井が映りこむほどカメラが引きすぎていて本人が目立ってない方などが見受けられますが、本当にもったいないことです。

ではどうしたらいいのか？　事前にカメラ位置を調整し、自分の映りを確認してください。

私たちアナウンサーの仕事ではスタジオに座ってニュースを読んだり、番組の司会進行をすることがあります。その本番前に必ず行われるのが、カメラと座る位置の確認です。

「静態《せいたい》して」とカメラマンから指示があり、私たちはカメラに向かってピシッと姿勢を正し、カメラに目線を配ります。その間、カメラマンはカメラのレンズの位置を調

整し、上半身が映るようにと調整をするのです。

ぜひ、あなたもオンラインで人とつながる前に、自分の映りをカメラの位置とともに調整して臨んでください。

以上、「アナウンサー直伝！　話し方テクニック9選」でした。ほかにもアナウンサーならではの話し方テクニックはたくさんあります。私の前々著『「たった1人」に選ばれる話し方』でも紹介しているので、ぜひお読みいただき、実践してみてください。

コラム 2

婚活で「また会いたい」と思ってもらえる自己紹介

結婚相談所や婚活サービスの一環で、婚活パーティーに参加する方も多いでしょう。ここでも自己紹介は必須です。「また会いたい」と思ってもらい、結婚につながるための方法をお教えいたしましょう。

実は、会う前から自己紹介は始まっています。婚活パーティーでは事前に、プロフィールカードを書くことが求められます。当日、限られた時間の中で会話が弾むかどうかはこのプロフィールカードの書き方によって変わってきます。

以下、5つのポイントにまとめました。

❶記載項目はすべて、記入する

プロフィールカードの項目は「氏名」「年齢」「居住地」「血液型」「身長」「婚姻歴」「子供の有無」「好きな異性のタイプ」「酒・タバコの可否」「趣味・特技」「性格」「自己PR」など多岐にわたります。何を書けばいいのかわからないので空欄にしてしまうのはNGです。まず、あなたの人となりを知ってもらうために、相手にたくさんの情報を与えることが大切です。空欄があると「本気で結婚する意志があるのか？」と疑われてしまい、会う前から印象が良くありません。

❷文章形式は「ですます調」で書く

文末は「である調」よりも、「ですます調」で書くことが好印象でお勧めです。

以下の「趣味」欄の２つの例文をご覧ください。

「スノボーが好きだ。最近は、長野の竜王に滑りに行った」
「スノボーが好きです。最近は、長野の竜王に滑りに行きました」

いかがでしょうか？　前者のように「〜である」「〜だ」という文末は強い意識や思いを伝える場面では良いのですが、固い印象や冷たさを感じさせることもあります。代わって後者のように「〜です」「〜ます」という文末は、優しさや柔らかな印象を与えます。

❸文字は丁寧に書く

字を書くのが上手ではないので……という方もいますが、大事なのは「上手さ」ではなく、「丁寧さ」です。スキマ時間で雑に書いたかのような文字は、結婚に向けて本気なのかどうかが疑われます。さらに性格も雑で冷たい人なのではと想像させてしまいます。逆に丁寧な文字は読みやすく、誠実さが伝わり好印象です。

❹具体的に書く

例えば、仕事は「会社員」だけではなく、「人材派遣業で営業をしています」「IT企業でエンジニアをしています」などと具体的に書くと、どんな仕事をしているのかイメージが湧きます。趣味・特技なども同じです。趣味は「読書」と書くよりも、「趣味は読書です。中でも歴史小説が好きで、今は司馬遼太郎の『燃えよ剣』にはまっています」というように具体的に書くと、実際会ったときに、相手も興味や関心をもって質問しやすくなります。それが、会話が続くコツのひとつでもあります。

❺自分を大きく見せない。盛らない

つい、好印象に思われたいと大きく自分を見せたり、盛った内容を記入してしまう方がいます。しかし、対面で会えば、メッキは剥がれます。話し方や話の内容、雰囲気からあなたがどういう人なのか、わかってしまうものです。よい印象を与えるつもりが、かえって不誠実で悪印象を与えてしまうのはもったいないです。今後、一生を添い遂げるかもしれない相手に対しては誠実な態度、対応を心がけましょう。

＊＊＊

では、いよいよ当日の婚活パーティーでの自己紹介のポイントです。
まずは、プロフィールカードを見せながら自己紹介し、共通点を探しましょう

緊張して何を話そうかと悩んでしまうと、限られた時間はどんどん過ぎてしまいます。作成したプロフィールカードを見せながら、そして自分もそれを見ながら話しましょう。また、自分のしゃべりだけで良い印象に残そうとするよりも、視覚、見た目のほうが印象に残りやすいという効果があります。

そして自己紹介しながら、お互いの共通点探しをしましょう。「出身地」「血液型」「趣味」「どんな人と結婚したいのか」など、何でも良いのです。

初対面の相手であっても、自分と共通点のある人には親近感を抱くという心理現象があります。これを「類似性の法則」と言います。さらに「私も同じです！」「私も最近、そのことに興味があるんです！」と伝えることで、「もっとこの人と話してみたいな」と思ってもらえるきっかけになります。

そして、笑顔と明るい声で話すことは基本です。ただし、無理に明るい声を出そうとしなくても大丈夫です。笑顔の声は自分にとって明るい声であり、一番いい声です。

話が盛り上がって会話が途切れないためのコツは、「相づち」を打つことです。相手が話しているときに、「私はちゃんとあなたの話を聴いていますよ」と伝えることにつながります。「そうですね」「はい」などいろいろな相づちがありますが、話が盛り上がって会話が途切れないための相づちを、拙著『「たった1人」に選ばれる話し方』に書いたので、以下に引用します。

●相手が気分よく話したくなる最強の相づち「それで、それで！」

「この人にはついつい、話しちゃうな」と、相手に自分に対する好感を抱かせながら話を続けるポイントとしてひとつ、「相づち」の打ち方が挙げられます。

相づちというと、「うん」とか「はい」といった簡単なものがとっさに思い浮かびますが、バリエーションはもっと、無数にあります。そんなバリエーションを自分の中にストックとして持っておくこと。さらにその相づちを話を聴く相手や話の内容に合わせて選んで使うことができると、コミュニケーションは円滑に進みます。

「そうですね」「わかります」「なるほど」「私もそう思います」「おっしゃる通りです」「同感です」などなど、バリエーションはいくらでも出てきますが、お勧めの相づちは、相手がもっと話をしたくなる「うながしの相づち」です。

「それで、それで？」

「で、どうなったんですか？」

「教えてください」

これらは、あなたが相手の話に興味があるということを伝えながら、気持ちよく話を進めさせる相づちでもあります。このうながしの相づちで、相手は自分の「話に興味持ってくれているんだ」と安心して話し続けることができます。

人は誰でも自分の話をしたいし、それを誰かに聴いてほしいのです。気持ちよく話すことができればできるほど、相手はあなたに好感と信頼を寄せていきます。

口下手だと思っている方。会話が続くかどうか不安な方はぜひ、相づちを効果的に使ってみてください。聴き上手な人だなと思われ、好印象です。

第5章

「未来をつくる名刺交換」の方法

01 名刺は「はじめまして」の会話のきっかけをつくる

ここからは、「未来をつくる名刺交換」の仕方についてお伝えしていきます。そう、名刺交換も自己紹介なのです。スピーチよりも名刺交換としての自己紹介のほうが、頻度としては多いのではないでしょうか。

第2章で紹介した「メラビアンの法則」を覚えていますか？　聴覚情報が38％、言語情報が7％とされるなかで、視覚情報が55％と、一番大きく第一印象に影響を与えます。

名刺のデザインやカラーなど、見た目にこだわるのも大切です。

人はパッと見、7秒で相手の印象を決めると言われていますが、**数秒で相手に好感をもってもらいたいという場合は、名刺にも色をうまく活用するといいですね。**

色の効果は以下のようにさまざまあるので、参考にしてみてください。

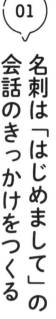

●ホワイト
印象：清潔感やシンプルさ
用途：プロフェッショナリズムやクリーンな印象を伝える
●ブラック
印象：堅実でエレガント
用途：クラシックで高級感のある印象を伝える
●ブルー
印象：落ち着きと信頼感
用途：専門性や冷静な印象を伝える
●グレー
印象：中立で洗練された雰囲気
用途：プロフェッショナリズムやモダンな印象を伝える
●レッド
印象：情熱的でエネルギッシュ
用途：行動力や強烈な印象を伝える

●グリーン
印象：自然かつ安心感
用途：環境に優しいイメージや成長を伝える
●ゴールド
印象：贅沢かつ高級感
用途：高級製品やサービス、伝統的な価値観を伝える

私が今まで頂いた名刺で変わった例を挙げてみると、デザイナーの方が透明の名刺をくださったことがあります。文字やロゴが浮かび上がっていてとってもオシャレ。他にもデザイナー関係の方からは正方形の名刺、しおりのように細長い名刺など、工夫をこらしたデザインのものを頂きました。

「さすがデザイナーさんですね！」と毎回お伝えしていましたが、そう考えるとデザイン関係の方はさすが、名刺をうまく活用していますね。

2つ折り、3つ折りの名刺もいただいたことがあります。名刺は通常1枚で裏表に印刷するものですが、2つ折り、3つ折りは情報がたくさん書き込めます。

女性起業家でスクール事業、企業研修、個別のコーチングなどの仕事の内容と一緒に、「なぜこの活動をしているのか？」その理由も添えて、わかりやすく名刺にまとめている方もいました。名刺交換に時間があまりとれない場合も多いので、最初から名刺にたくさんの情報を入れておけば、短時間で自分がどういう人間かを伝えることができるという好例です。仕事だけでなく、プライベートにおける趣味や特技、ボランティア活動など、広く自分のことを知って欲しい方にも2つ折り、3つ折り名刺はいいですね。

逆に、名刺1枚で表面にフルネームの名前だけ書いている方もいました。企業名も肩書きもなければ、住所も電話番号もない。裏にも何も書いてない。「え!? 何をやっている方なのですか？」と、私は前のめりで訊きました。その方はフリーのライターさんだったのですが、「名前しか書いていないのは戦略です！」と言っていました。

確かに私もここまで情報の少ない名刺を見たことがなかったので、興味津々になって話を訊きたくなりました。戦略にはまってしまったわけです。

「これって何ですか？」「これってどういうことですか？」と突っ込みを入れたくなる名刺は、会話を盛り上げるきっかけをつくるのです。

ここまでお読みいただくと、名刺を凝ったものにしないといけないと思われたかもしれません。でも、闇雲にデザインやカラーにこだわりましょうというわけではないのです。大事なのは、

「なぜ、このデザインにしたのか？」
「なぜ、この色にしたのか？」
「なぜ、それを書いたのか？」

これらをすべて意図して選びましょうということです。

また最近は便利なツールが出てきました。「デジタル名刺」です。名刺交換時に相手のスマートフォンとカードを近づけると自分の情報が送信され、受け取った相手はそのままスマートフォンに登録できます。簡単操作で楽なのです。

とはいえ、この本を書いている時点では、やはりまだ紙の名刺が主流です。その時の状況に合わせてお使いください。

02 「渡せば渡すほど、自分の夢が叶う」名刺交換とは？

名刺を渡せば渡すほど、自分の夢が叶うとしたら？　そこに何が書いてあるのか、知りたくないですか？

はい、それは「叶えたい夢を書く」ということです。

私が時間管理コンサルタントである作家、石川和男さんと出会ったのは２０２２年。そのときにいただいた名刺に「２０２２年の夢」が書いてありました。

> **「■2022年の夢**
> **オンラインサロン200人、ビジネス書5冊出版、中国海外展開」**

これを名刺に書き込んだ理由を訊いたところ、名刺交換するたびに話題になる可能性があるので、そのたびに自分自身、叶えたい夢を再認識できるからだそうです。「人は忘れる動物。年始に参拝で願ったことを、その年の年末まで覚えている人は7%なんですよ。だから書き留めておく、そして見返すことが大事なんです」とのこと。なるほどです。さらに石川さんはこう、教えてくれました。

「人は書いたことを実現したくなるんですよ。これ、予言の自己成就ね」

「予言の自己成就」とはアメリカの社会学者、ロバート・K・マートンが提唱したもので、「根拠のない噂や思い込みも、その状況を真実と決めれば本当にそうなってしまう。実現してしまうという現象」のことを指します。それをすぐに実践できる方法のひとつとして挙げられるのが、「叶えたい夢を紙に書いて落とし込むこと」だそうです。

また、石川さんからは**「言いふらす効果」**というのも教えていただきました。これについては石川さんの著書『どんなことでも「すぐやる」技術～クリエイティブな仕事も嫌な仕事も即実行できる仕組みの作り方～』(Gakken)より一部抜粋のうえ、ご紹介させていただきます。

税理士、大学講師、ビジネス書著者、オンラインサロン開講……。私は、様々な夢を叶えてきました。そこには、共通点があります。それは、言いふらし続けたこと。私は、人に言いふらすことで、夢を実現してきました。

では、なぜ言いふらすと夢は実現するのか？ そして、その夢を実現させるために、なぜ動き出すことができるのか？ そこには、三つの理由があります。

一つ目は、有言実行。後には引けなくなるからです。

夢を実現するためには、その夢に向かって動き出さなければなりません。自分ひとりで密かに考えていたら、「今は忙しいから」「仕事が落ち着いたら」「時間ができたら」と、簡単にやらない言い訳を考え始めます。誰も知らないから、やめることもできるのです。

しかし、言いふらすとどうなるか。定期的に「あれどうなった？」「試験勉強は順調？」と聞かれます。聞かれるたびに、やめたとは言いづらい。人の目は動く原動力になるのです。

石川和男『どんなことでも「すぐやる」技術』（Gakken）より

そうなんです。人は最初のうちはモチベーションも十分で、自分がやりたいことや叶えたいことに向けて一生懸命になります。でも、上手くいかないこともあります。そうするとどんどん、やる気がなくなって動けなくなってしまうのです。

ですが、最初の夢が名刺に書いてあって、名刺交換した初めての人から「へー、こんな夢をお持ちなのですね、素敵です！」なんて言われたら、どうでしょう？「そうだった、また頑張らないと！」という気持ちになりませんか？

名刺に自分の夢を書くことは、気持ちを立て直すきっかけになるのです。

私はスクールのアナウンサー志望者に「周りに『アナウンサーを目指している』って言っていますか？」と訊くことがあります。印象としては、あまりそういうことを人に言わずにレッスンを受けに来ている方が多いです。「私がアナウンサーを目指しているなんて知られたら恥ずかしい」「否定されたら怖い」など、人それぞれ葛藤があって口に出せないでいるのです。

私からは**「できれば周りの方に言ってもらいたいです。難しければ親や友達など、自分にとって大切な人にだけにでも言ってください！」**とお伝えしています。

そして、「どうせ無理！」「自分にはできないから……」心のどこかで自分がそう思っていたら、やっぱり夢って、叶えられない。

自分で自分をどう思っているのか？　というセルフイメージはやはり大事なのです。

名刺にその夢が書けるということはある意味、それだけ叶えたいという思いや気持ちがあるということです。恥ずかしいとか、叶えるのが難しいと思ってたら、なかなか書けるものではありません。

また、**「夢とは、最終的には自分ではない誰かが叶えてくれるものなのでは」、と私は思うのです。**

大事な場面で選ばれるときも、誰かが選んでくれている。

大きな仕事や依頼を頼まれるときも、誰かがお願いしてくれる。

自分にとって良い情報も、誰かが教えてくれる。

自分の夢を実現させるには、応援してくれる人や協力者が必要なのです。

だからこそ、「私はこういう人なんだ、これがやりたくて叶えたいんだ！」ということが自分でわかっている状態であること。そして、それを言葉にできるかどうかが、鍵なのです。

名刺に書くほか、人に話していると自分の夢を引き寄せるのです。

私が自己紹介セミナーを定期的に行っていたときのことです。第2子となる娘の妊娠がわかり、嬉しいながらも「せっかくセミナー講師業も上手く回りだしたときにまた、外での活動ができなくなるのか……」と複雑な気持ちでした。そんなときふと、こんなアイデアが湧いてきたのです。

「そうか、自己紹介の教材をつくればいいんだ!」

当時100人以上ものビジネスパーソンの自己紹介のコンサルをし、たくさんの自己紹介パターンの事例があった私は、これを教材としてまとめて全国に販売しようと思ったのですね。

でも、どのように教材としてまとめたらいいのかわからない。そもそも、どうやって販売していいのかも知らない。どうしたらいいかなと考えている毎日でした。

そんなとき、まさに私が知りたかったことを教えてくれる先生をネットで見つけたのです!

「ネットで教材販売の方法を教えてくれる先生」なんて怪しすぎますよね。でも、その一見怪しい先生のことを、私が以前から素敵だなと思っていた女性起業家の方が

「信頼できる方ですよ」と紹介していたのです。すべてがお膳立てされているかのように私は（本当は怪しくはなかった）その先生に学び、実際に教材を作成し、販売することができました。

その経験のベースがあるからこそ今、本を書いたり、講座をつくったり、さまざまなコンテンツ作成ができるのです。現在もお付き合いのある素敵な起業家さんとの出会いもたくさんありました。

さて、名刺に話を戻します。私の場合はネットという媒体を使って自ら探すことで、自分が欲しい情報を手に入れて夢を叶えることができました。

「この夢を叶えるために、こんな人に出会いたいんです」
「これできる人、ご存じないですか？」

こんな一言を添えて名刺交換したら、どんどんご縁がつながっていきます。どうでしょう？　イメージが湧きますか？

あなたがもし、名刺に夢を書くとしたら何を書きますか？

そして大事なのは、口に出すということです。

「叶える」という字は、「口」に「十」と書きます。「口に10回出して叶える」ということです。

名刺に夢を書いて、たくさんのご縁ある方に渡していく。そして、口に出していくことで、その夢を叶えていきましょう。

03 自分から「名刺交換、よろしいですか？」と声をかける

ここまで書いてきて何ですが、実は私、名刺交換が苦手でした。

アナウンサーも名刺は会社から支給されます。ですが、「○○放送アナウンサーの……」と放送局と肩書きを名乗れば、「あー、こんにちは！」と相手も速やかに対応してくれます。そのため正直、名刺交換をしたことがほとんどありませんでした。多くのアナウンサーは顔パス対応のため、日常的に名刺交換をしない方が多いのではないでしょうか。

そして、起業してから名刺交換する機会がぐっと増えました。

最初の頃は「名刺交換、苦手なんです」と言い訳しながら交換させてもらっていましたが、今思えばずいぶん失礼な人ですよね。そんな名刺交換が苦手な私でも、意識していたことがひとつ、あります。

自分から「名刺交換、よろしいですか？」と声をかけるということです。

自分から声をかけることが初対面の相手にポジティブな印象を与え、好感度を高めます。

また、先に自分から心を開いて声をかけることで「自分も心を開いて接したい」という気持ちになる心理のことを「自己開示の返報性」と言います。

例えば、初めてお会いする方が「実は……緊張しています。」と打ち明けてくれたとしたらどうでしょう。ホッと自分の緊張もほぐれて、相手に対して親しみが生まれて話しやすくなりますよね。

ただ、名刺交換のビジネスマナーとして、「訪問時は訪ねる側から名刺交換を行う」というのもあります。「役職が上の人から名刺交換を行う」などもあるでしょう。ですからここはＴＰＯに合わせてもらえたらと思いますが、基本は「自分から名刺交換の声がけをすること」が素敵な出会いを引き寄せると、私自身は感じます。

また、「〜よろしいですか?」と加えることが、声がけのポイント。「名刺交換させてください」だけよりも「名刺交換、よろしいですか?」と言うほうが丁寧な印象と、声をかけられた相手に敬意を示していることを感じてもらうことができます。

名刺交換はあくまで、積極的なコミュニケーションの一環です。自分から声をかけることで、新しいつながりやビジネスのチャンスが広がる可能性があります。

04 相手の名前を呼ぶだけで好意を持たれる法則

名刺交換するときのことを思い出してみてください。あなたは、どんな会話をしていますか？

名刺を交換する場では、時間があまりない場合も多いです。それでも、一瞬で好感持たれる方法があるのです。

それは「相手の名前を呼ぶ」ということです。

人は自分の名前を呼ばれると、相手に対して親近感と好感を持つと言われています。

アメリカの南メソジスト大学で消費者行動を研究しているダニエル・ハワード博士は、このような実験をしました。

学生たちに自己紹介をしてもらったあと、2つのグループに分け、その後、個別に博士の部屋に呼びました。

ひとつのグループに「○○さん、クッキー買ってよ」と、名前を呼んで購入を促しました。

もうひとつのグループには、名前を呼ばずにただ「クッキー買ってよ」とだけ伝えました。

すると、名前を呼んだグループのほうのクッキーの購入率は約90％、名前を呼ばなかったグループは約50％と、2倍近い差があったという実験結果が出ました。

このような心理を「社会的報酬」といいます。相手の名前を呼ぶことは「あなたの存在を認めていますよ」「あなたの価値を認めていますよ」という報酬（プレゼント）行為になるということです。

ですから名刺交換の際の会話でも、「お仕事は何をされているのですか？」よりも、

「○○さんは、お仕事は何をされているのですか？」

と相手の名前を入れることで、向こうからの好感度を上げることができるのです。

全世界で1500万部以上売れている、デール・カーネギーのベストセラー『人

を動かす』(創元社)。この名著の中にも、こんな言葉があります。

「世の中でもっとも耳に甘く響くよい音楽は、自分の名前の響きである」

私たちの名前は生まれたときからずっと一緒であり、愛着ある存在です。

「はじめまして」の方の名前を呼ぶことは相手を大切にしていることにつながり、ひいてはあなたに対する好印象を促すきっかけにもなります。


とはいえ、何度も名前を呼びすぎるのも、相手に馴れ馴れしい印象を与えることがあるので、注意が必要です。

とある実験によると、初めて会った男女に名前を呼んだときの反応を調べた結果、15分間で6回以上呼ばれると、逆にマイナスな感情が生まれることが判明したそうです。

ですから、名前を呼ぶときは相手に特に聞いてほしいことがある場合など、ポイントを絞ってみるといいでしょう。

05 名刺は会話に困らない！ 盛り上がるネタの宝庫

名刺交換のときにたいした話もないし、できないし、いつも困っています……という方も中にはいるかもしれません。ですが、名刺交換での会話は、自己紹介でスピーチすることなどより、とても簡単です。

なぜなら、名刺に会話の「ネタ」が書いてあるからです。例えば、以下のようなものです。

❶社名

名刺に書かれた社名自体が興味深い場合、「社名にはどんな意味があるのですか？」「どのように決められたんですか？」と質問することで、社名にまつわるストーリーや背景を聞くことができます。

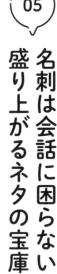

❷ロゴ

社名のロゴなどは視覚的な要素が豊富です。相手に対して「ロゴ、印象的ですね。そのデザインにはどんな意味が込められているのですか？」といった質問で、デザインの背後にあるストーリーやコンセプトを知ることができます。

ちなみに私の会社、ＳＴＯＲＹのロゴはこちらです。

STORY
presentation consulting office

シャンデリアをイメージしているのですが、もう少し思いを語りましょう。

世の中には「自分なんて大したことがない」「自分には無理」と思っている人が多いですよね。でも、「大したことがない」と思っている自分でも、他人からすれば「スゴイですね！」と言われる経験や強みがあることに気づいてほしい。

ちょっとした自分エピソードも、一つひとつに目を向け、丁寧に磨き上げていく。

その小さな粒をつなげ、ストーリーとして語ることで、シャンデリアのような大きな輝きになっていく。その輝きをもってあなたは大事な場面で選ばれる……という意味が込められています。

「社名のストーリー素敵ですね！」「ロゴいいですね！」と言われると、待ってましたとばかりに私は喜んで話します。社名やロゴについて訊かれると、創業者は特に喜ぶのです。

また、質問する側も、相手が何を大切にしているのか？　どんな思いを持った会社なのか？　その「あり方」について触れることができます。

❸業界や専門分野

名刺に書かれた業界や専門分野が分かる場合、「お仕事は○○業界なんですね。最近のトレンドは何ですか？」「今、業界にどんな動きがあるのですか？」といった質問で、相手の専門知識にアプローチしてみましょう。

最近の私の例で言うと、結婚相談所をやっている女性経営者の方とお会いしたときに「実は私も10年ほど前に、結婚相談所で自己紹介セミナーをしていたんですよ。今はマッチングアプリも流行っていますが、業界的にどんな動きがあるのですか?」と訊いてみたのです。

「そうですね。マッチングアプリも落ち着いてきまして、逆に上手くいかなかった人たちで真剣に結婚したい人たちは結婚相談所に流れてきています!」

「そうなんですね! 何歳ぐらいの方が会員さんでは多いんですか?」

「30代から40代です。でも、50代で結婚された方もいますよ!」

「わあ! 私もチャンスありそう(笑)」

といった具合に、話が盛り上がりました。

自分の仕事について訊いてくれるということは、「私に興味や関心があるんだな」と相手はメッセージを受け取ります。

さらに、あなた自身も知らない業界なら、新しい知識や今を知ることにつながるので、ビジネスパーソンとしての学びにもなります。好奇心をもって相手の仕事、業界のトレンドについて話を振ってみましょう。

❹名刺の裏

名刺の裏にも情報が書いてある場合、会話のネタのひとつとして、じっくり見てみましょう。

仕事以外に趣味や特技など、プライベートのことが書いてある場合は、たいていの場合は「会話のネタになればいいな」と考えて入れてあることが多いです。

「料理が好きなんですね！ 最近挑戦したレシピは何ですか？」

「私も、スキューバーダイビング好きです！ 最近どこで潜りましたか？」

など、ぜひ突っ込んで質問をしてあげてください。「待ってました！」ときっと嬉しそうな笑顔で話してくれることでしょう。

06 一度お会いした方の名前を忘れてしまった！ そんなときの対処法

名前は大事だとお伝えしたばかりですが、人は忘れる生き物でもあります。

「一度、名刺交換したことがあるのは覚えている。でも……お名前なんだっけ？」と、記憶から出てこないことはありませんか？　再会が久しぶりであったり、予定外の場で会ったときに名前がパッと出ないこともありますよね。

一度お会いした方の名前を忘れてしまった場合、対処法のいくつかを以下にご紹介します。

❶もう一度名刺をもらう

「名刺、いただいていましたっけ？　よかったら、またいただいてもいいでしょうか？」と、名刺をもらう。そして名前を確認しましょう、ということです。

名刺はデザインが変わったり、事業内容などが追加で書かれることもあります。

「名刺は以前と変わらないですか？」と話してみたり、または変わらないものであっても「会社はどんなロゴでしたっけ？」と別の方向に話を振って、名刺を見せてもらう方法もあります。

❷素直に謝って名前を聞く

「すみません、前回お会いしましたがお名前を忘れてしまいました。もう一度教えていただけますか？」と素直に謝って、名前を忘れたことを伝えましょう。

「え？　相手が気を悪くしない？」と不安になる方もいると思います。ただ、なかなか言い出せずに会話が楽しめないのはもったいないことです。長く会話した後に名前を伺うよりも、最初にさらりと謝って聞いたほうが相手も受け入れやすいのです。

もう少しスマートにいきたい場合は、「すみません、あちらの方、お名前を思い出せないのですが、ご存知ですか？」と、名前を忘れてしまった相手と話していた方に声をかけて尋ねるのも方法のひとつです。

❸裏技！その1　絶妙な切り返し

「すみません、前回お会いしましたがお名前を忘れてしまいました。もう一度教えていただけませんか？」

……これは❷の、素直に謝って名前を聞くパターンじゃないか？　と思われたかもしれません。いえ、この後の切り返しが大事なのです。

相手が「松下です」と名字を伝えてくると思いますが、そこですかさずこう言ってください。

「いえ、松下さんの下の名前のほうです」

何とも素直じゃない、ひねくれてるって思いますか？　いえ、絶妙な切り返しです。

そもそも人の下の名前を覚えることは大事です。「松下さん」と名字で呼ぶよりも、「公子さん」と下の名前を呼ぶほうが親しみを感じてもらえるからです。これは仮に名字を忘れていなくても、一度はやってもらいたい技です。

❹裏技！その2　絶妙な人使い術

ここまでの❶〜❸は、ひとりで会に参加した場合に使える技です。ではもし、ひとりではなく、同伴者がいた場合はどうしたらいいか？　こんな方法もあります。

それは同伴者に名刺交換させるということです。

「あ、先日はどうもありがとうございました！　弊社スタッフの田中をご紹介します。田中君、名刺交換させてもらいましょう」

と声をかけて、名刺交換させる。2人が会話している様子を横で聴いているという、奥の手です。

名前を忘れてしまうことは、誰にでもあることです。でも、そのまま名前がわからない状態で会話をして盛り上がらないのは、もったいないです。相手の名前をどんな手を使ってでもしっかり聞き出して、会話の中に盛り込んでいきましょう。

07 ビジネスマッチング交流会で名刺交換の成功法則3つ＋α

最近は「ビジネスマッチング交流会」をうたった催しも多くあります。

ビジネスマッチング交流会とは異なる業種・業界で働いている人々をマッチング＝会わせることで、ビジネスパートナーや直接のお客様を探す場のことを言います。

営業マンや経営者、フリーランスの方が一堂に集まる会。それも、楽しい時間をゆるりと一緒に過ごすというよりも、自分のビジネスに合う人や会社の開拓といった出会いを求める、目的がはっきりした会です。限られた時間の中で効率よく名刺交換を行い、たくさんの方と話すことが大事です。

こうしたビジネスマッチング交流会で成果を出すための具体的な方法、名刺交換の成功法則を以下にお伝えしましょう。

❶食事は事前に食べておく

会にもよりますが、アルコールのほか、イタリアンや中華、和食など、豪華な食事が出る会もあります。パーティーならゆっくり食事も楽しみたいですが、目的はあくまで出会いです。食事をしてから、または食べながらだと、名刺交換をする人数が少なくなってしまいます。

美味しいものはいつでも食べられます。会の事前に、食事は軽く取っておくことがお勧めです。

❷名刺は2倍多めに持っていく

当然のことですが、名刺を切らしてしまったら、元も子もありません。会の主催者から「20枚程度持ってきてください」と言われていたら、50枚は持っていきましょう。

実際は使わないかもしれません。ただ、「名刺はたくさん持ってきていて足りなくなることはない」その気持ちの余裕が、交流会での自信ある立ち振る舞いにつながっていきます。

❸「この方とつながりたい！」と思ったら、その場でスケジュール帳を取り出し、アポを取る

ビジネスマッチング交流会はじっくり話して相手を知るというよりも、数多くの方に出会うということが大事なのです。ですから、名刺交換はスピード感よく、どんどん行っていきましょう。そして、じっくりと仲を深めていくのは次のステップです。「1 on 1の個別でお話しませんか？　で、いつにしましょうか？」とその場でスケジュール帳を取り出しアポを取るのです。

オンラインでのミーティングや商談が日常化し、「気軽に個別で話しませんか？」とお誘いしやすい時代になりました。「また今度、お話ししましょう」というお声がけは一見、よさそうです。でも、〝今度〟っていつでしょうか？

「では後日、連絡してアポを取ればいいよね」……いや、鉄は熱いうちに打て！　という言葉がある通り、時間がたってからだと、「誰だっけ？」になってしまいがちです。

そして積極的に交流会に来るビジネスパーソンは基本、忙しいですから、約束を取り付けるのもタイミング次第では難しいでしょう。

だから、その場でアポを取るのです。お話しする日を決めてしまうのです。

「この方とつながりたい」「じっくり話したいな」と思ったら、次の行動は速やかにスケジュール帳を出してください。

オンライン面談（時には対面）を約束したら笑顔で「次回、よろしくお願いします」とご挨拶をして、次の出会いを求めて名刺交換の旅に出ましょう。

❹ちょっとここで番外編＋α

事前に参加者名簿の共有がある場合、一工夫できると初対面の相手から「名簿を見てお話したいと思っていました」と、あちらから自分を探して来てくれることがあります。

実際にあった、私の話です。１００人近い参加者がいるビジネスマッチング交流会に参加したときのことです。主催側のスタッフの方が「ＳＴＯＲＹの松下様ですよね？　お話したいという方がいます」と声をかけてきたのです。

私のことを知っている人はいないし、なんだろう？　と不思議に思いながらご紹介いただいた男性社長。「ん〜、やっぱり面識ないな」と思っていると、社長がこう言ったのです。

「名簿を見てお話したいと思っていました！」

名簿！この交流会は事前に参加者リストの名簿が共有されていたのです。

それも、社名や名前だけではなく「あなた（会社）の強みは？」や「どんな人（会社）とつながりたいのか？」を書く欄がありました。社長はこう、続けました。

「つながりたい人の欄に『次のステージに行きたいと思っている、プロデュースされたい社長』とありまして、〝あ！　これ、自分のことだ〟と思ったのです」

まさかお会いする前から私に興味や関心を持ってくれて、自らスタッフの方に私を探してお話しに来てくれるなんて、嬉しすぎる出来事でした。

のちほど名簿を見返してみると、他の方はつながりたい相手の欄に「社員50名以上いる会社経営者」「年商1億以上の会社」などと書いていました。確かにこんな規模の会社とつながれたら嬉しいですよね。でも、相手があなたとつながるメリットはなんでしょうか？　お互いにＷＩＮ－ＷＩＮの関係にならないと、マッチングすることは難しいのです。

「こういう人、こういう規模感の会社とつながりたい」ではなく、「あなた（会社）の課題を解決して、こんな良い変化をもたらします」ということを伝えるのが大事なの

です。

「次のステージに行きたいと思っている、プロデュースされたい社長」とは今思えば、ちょっと抽象度が高いことを書いているなと思うのですが。「次のステージに行きたい」「プロデュースされたい」と、欲望をピンポイントで突いたのが良かったのだろうなと、振り返っています。

「誰とつながりたいのか？」は、ビジネスの場でも話題になる質問です。

自分とつながると相手にもメリットがある、そのことを明確に言語化しましょう。

08 名刺交換でゆるくつながり「信頼」を築いていく方法

その場でアポを取るというほどの緊急性はない。けれども、相手とぜひつながりたいと思ったときにどうしたらいいのか？　あなたならどうしますか？

私の失敗談をひとつ。

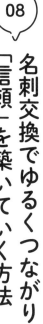

「ＬＩＮＥでつながってください」と、名刺にＱＲコードを付けていました。ですが、６００名ほどの方に名刺をお渡ししましたが、ひとりもＬＩＮＥに登録してくれた方はいませんでした。

ＬＩＮＥに登録させるという一見、簡単そうな行動。それでも人は、何か感情が動かないと行動しないのです。

飲食店などでは「その日に使える10％割引クーポン」「デザートにアイスクリームひとつプレゼント」など、お店でＬＩＮＥ登録するとこんな特典やプレゼントがもらえますよと教えてくれるので、登録しようという気持ちになりますよね。

ですが、ただQRコードを載せているだけでは、名刺のデザインの一部としか見られません。いや、我ながら反省……（ちなみにこの本の巻末にもQRコードを付けているのですが、登録すると「競争倍率1000倍でも選ばれる！　1分自己PR（自己紹介）テンプレート」がプレゼントされます。これなら、欲しくないですか？　名刺の失敗談で得た学びを早速実践しています！）。


もしQRコードを名刺に載せるなら、登録したいと思わせるほどメリットがあるものを何か、用意しましょう。

アポを取るほど緊急性が高いわけではない、まずはゆるくつながりたいのであればSNSでつながりましょう。これも「後ほど申請しますね」だと後が大変になってしまいます。メッセージなしだと感じが悪い。とはいえ、「本日の会でご一緒しました〇〇です。友達申請させていただきます」などのメッセージを何十人も入れるとなると、これまた面倒です。

その場合は後回しをせずに「フェイスブックやっていますか？　つながってくださ

い！」とその場でつながりましょう。ここで大事なのは、相手が良く使っているSNSであるということ。また、メッセージ機能を使っているかどうか、という点です。

私もアメブロ、インスタ、X（旧ツイッター）、ｎｏｔｅ、フェイスブックと、いろいろなSNSを使っていますが、メッセージ機能としてはフェイスブック越しのメッセンジャーを使っていて、他はほとんど使っていません。ビジネスパーソンは「メッセンジャー派」と「LINE派」に大きく分かれると感じます。

「一番連絡が取りやすい手段は何ですか？」と訊いておくことは大事です。たまに何の脈絡もなく「○○に参加しませんか？」「○○お申込み、いかがでしょうか？」とメールが届くことはないですか？　正直、いきなりのメールでこれ？　と違和感を覚えることがあります。

ここでうんちくをひとつ。「信用」と「信頼」は似た言葉ですが、意味が違います。「信用」は過去の実績や成果を評価することから生まれるもので、その人自身よりもその人の「実績」に重きを置いたものです。

一方、「信頼」とは未来の行動や感情について期待することで、その人自身の「人柄やあり方、立ち振る舞い」などに重きを置いたものです。過去と未来という時間軸の違いもありますね。

そして「信頼関係」という言葉があるように、「信頼」は未来に向かって互いのやりとりの中で築いていくものです。そんな信頼関係を築いていけるのがSNSなのです。

ブログやインスタ、ツイッターなどで自分が今、何に興味を持っていているのか？どういう価値観、あり方で、何を考えて行動しているのか？それらを発信をして日々、伝えるのです。

中にはSNSが苦手な方もいると思うので、無理に発信はしなくていいでしょう。その場合は、相手のSNSを見て、「いいね！」などの反応を示したり、たまにはコメントしてみてください。見てくれてるのはもちろん、反応があるとさらに嬉しく思ってもらえます。リアルで会っていなくても日々、コミュニケーションをとりながら信頼を築けるのが、SNSの素晴らしいところです。

コラム 3

就職・転職で選ばれる自己紹介

面接の場での自己紹介は必須です。ですが、

「○○大学の田中です。本日はよろしくお願いいたします」

「鈴木です。現在株式会社○○で営業をやっています。宜しくお願いいたします。」

と、そっけなく秒単位で自己紹介が終えていませんか？　それはもったいないことです。

では、何を話せばいいのかと悩む方も多いと思います。ですから、面接の自己紹介も通常の場と同じく、自己ＰＲを話すようにしましょう。

志望動機を話してもいいでしょう。「なぜ、御社を志望しているのか？」この理由を自己紹介で話すのです。

「大学で学んだ知識やスキルを活かしたい」
「企業文化や価値観が自分の目指す働き方に合致している」
「今より挑戦的でやりがいのあるプロジェクトや仕事に携わりたい」
などなど、何でもいいでしょう。正解はありません。

大事なのはどうしてそう思ったのか？　を「5W1H」で、具体的に話すということです。

「5W1H」とは「だれが（Who）」「いつ（When）」「どこで（Where）」「なにを（What）」「なぜ（Why）」「どのように（How）」の頭文字をまとめたものです。

「大学で学んだ知識やスキルを活かしたい」を例にすると「大学って何大学？」「もっと言えば、何学部？」「大学の何年時？」「学んだ知識とスキルって具体的に何？　ゼミ？それともサークルで？」……というようにすべて具体的にしていくのです。

なんだか難しそうと思うかもしれませんが、5W1Hで具体的にすると、わかりやすく面接官に伝わるので、ぜひ意識してみましょう。

さらに、大事なのは、それが「笑顔で話せる」話かどうかということです。笑顔で話すことはもちろん、面接官に対して良い印象をもたらします。また、あなたが笑顔でいると、面接官も無意識に笑顔になりやすくなります。

これは心理学者のエリック・バーンが提唱した「笑顔の伝染」というものです。脳の中にはミラーニューロンと呼ばれる神経細胞があります。この神経細胞は人の行動や感情を模倣しやすくする働きがあり、誰かが笑顔を見せると、私たちの脳も無意識に笑顔をつくりやすくなるのです。

また笑顔になると、緊張をほぐすことができます。笑顔でリラックスして話せる話をして、良い面接のスタートを切りましょう。

ちなみに私の前著『転職は話し方が9割』では、面接に特化した話し方を解説しているのですが、読者の方から「この話がいちばん響いた！」と言っていただいた箇所があります。書籍の一部を抜粋してご紹介いたします。

面接という場は特別ですから、緊張してしまうのは当然です。緊張を通り越して、面接官が怖いという思いが湧いてしまう方もいます。

面接官は敵ではありません。むしろ味方なのです。

面接は落とすことが目的ではありません。目的は、一緒に働いてくれる仲間を探すことなのです。

そう捉え方を変えてみると、面接官を見る目、視点が変わってくるはずです。

「そうか、仲間を探しているのか。でもやっぱり面接官が怖い」と簡単に気持ちを変えられない人も多いです。

どうして、面接官が怖いのでしょうか？　敵のように感じてしまうのでしょうか？

こちらにヒントが隠されています。過去の内定者さんからの感想の一部です。

＊＊＊＊＊＊＊＊＊＊＊＊＊＊＊＊＊＊＊＊＊

Q．松下とのやりとりで印象に残った言葉を教えてください

A．松下先生に「面接官はあなたを攻撃しないよ！」と言われたことが今でも印象的です！

私は面接前になる度に、怖いです。と言っていました。面接官の方に

試されているのが怖くて、この子全然できないなと思われたらどうしよう。何を聞かれるんだろうという暗い気持ちがずっと心の中をグルグルしてました。

でも、松下先生に、「面接官は、攻撃してこないよ」と言われて、仲間たちもそれに笑ってくれて、「そうだよね。何を怖がっていたんだろう、受けるだけでも嬉しいことだから楽しみながら頑張ろう」と思えるようになりました。

＊＊＊＊＊＊＊＊＊＊＊＊＊＊＊＊＊＊＊＊

このように「面接官に試されている」「できない人だと思われたくない。思われたらどうしよう」「何を聞かれるんだろう」そんな不安から、面接官が怖いという感情が沸き上がっているのです。要は意識のベクトルが自分に向いている状態です。

例えば「それはどういうことですか？」と深く突っ込まれると、自分を追い込んでくるような感情に陥ってしまう。そして「どうしてこんなにいじめるように深く聞いているのだろうか」と面接官に怖さを感じてしまうといった感じです。

でも、面接ではあなたが自分のことを話さないと面接官もあなたのことを理解することができません。あなたを仲間にしたいという思いから、「どんな人なんだろう」とさらに質問をしているのです。あなたに興味を持っているからこそです。まずはそこに気が付いていただきたいです。

面接官はあなたの敵ではない、味方です。安心して、ベクトルを自分から面接官に向けて話していきましょう。

そしてさらに突っ込んだ話をすると、面接官だって実は不安なのです。転職活動をしているあなたは、きっと自社だけではなく、他にもいろいろ会社を受けているだろうなとわかっているのです。「第一志望です！」「御社にぜひ貢献したいです！」と口では上手いことを言っても、内定辞退されてきた経験なんて山ほどあるのです。

だからこそ、本当に来てくれるのか？　いろいろな視点からあなたの本音を知りたいのです。逆に答えに困るほど深く聞かれたら、「ああ、私に興味があるんだな」と前向きにとらえてください。

「自分も採用担当だったことがありますが、忘れてしまいますね！」と、『転職は話し方が9割』を読んでくださった転職志望の40代後半の男性からも本の感想と一緒にメッセージをいただきました。こちらのMさん、最終面接までは行くけれど、なかなか内定ができなかったそうです。

その後、オンラインでの面接コンサルを受けていただき、見事、大手外資系コンサルファームと大手都市銀行2社に内定されました！「松下さんのコンサルから、面接の流れが一気に変わりました！　本当に嬉しいです！　ありがとうございました！」と喜びのメッセージが届きました。

「松下様
本日はありがとうございました。

松下様の書籍に出会えたこと、コンサルして頂いたこと、そして頂いたこの言葉「この世界は、何を言っても大丈夫な安心な世界」に出会えたこと。

これらが私の人生の転機となりました。

松下様とのご縁が無ければ、今のこの結果は無かったと思います。

頂いたコンサルティングフィードバックシートは、今でも大切に手帳に挟んでおります。

新しい仕事が始まった後も、頂いたことばを見返して大切にしていきたいと思います。
本当にありがとうございました」

私も、本を手に取っていただいたご縁での出会い。感謝しかありません。Mさん、転職して年収もグッと上がったそうです。
コラムでは書ききれないノウハウがいっぱいですのでぜひ、『転職は話し方が9割』も読んで実践してみてください。新卒の面接にも生かせます。

おわりに

カミングアウトします。最初この自己紹介の本はタイトルが違いました。仮タイトル案でしたが『1分で心をつかむ自己紹介』だったのです。これはこれで、わかりやすくていいタイトルですよね！

こんな始まりでした。

●自己紹介は「あり方×魅せ方×テクニック」で決まる

転職・就職、商談、プレゼン、交流会など初対面の相手と出会う大事な場面で、相手の心をつかむには何が必要なんでしょうか？

それはこちらの3要素。「あり方×魅せ方×テクニック」です。

自己紹介をはじめとする話し方で、まずは「どうしたら話がうまくなりますか？」とテクニックを求める方が9割です。いや、10割と言っていいかもしれません。

でも、自己紹介をはじめとする話し方で大事なのは順番なのです。

私の前々著『「たった1人」に選ばれる話し方』にも書きましたが、そもそも自分の「あり方」が大事。そして、「あり方」に紐づいて何を語るのか？

さらに、話の内容を効果的に相手に伝えるために、テクニックを使うのです。

ここで目新しいのは「魅せ方」という要素です。

人は性格も、そして仕事においてもひとつではなく多面的、いろいろな面を持っています。「魅せ方」というのは、相手にどう見せたいのか？　見られたいのか？　ということです。

例えば、私の場合はSTORYアナウンススクールの代表&講師であれば、「高倍率のアナウンサー試験を突破させ、内定させる人」という見られ方もできます。

そのほかSTORY転職スクールの代表&講師なら「40代の転職で面接を突破させ、内定させる人」、子供を持つ母親という面もあるので「家庭を持つ母親でありながら経営者でもある人」と、いろんな一面を自己紹介で見せることができますね。

あなたはどう見せたいですか？　見られたいですか？

大事なことは、自己紹介は「あり方×見せ方×テクニック」これが1セットであるということです。

あり方だけでもダメ。見せ方だけでもダメ。テクニックだけでもダメなのです。


今読み返すと我ながらいいこと書いてるなとも思うのですが実は、ここまで書いてピタッと筆が止ってしまったのです。

書けない。なんで？　どうして？

自己紹介は私がもう、10年以上やってきているテーマなのに？

執筆が進まず、どうしようかと悩んでいました。

そんなとき、ゲストとして呼んでいただいた、1時間ほどの講演がありました。テーマは「選ばれる人の話し方」。そこでも、自己紹介の大事さを熱っぽく伝えました。

そこでわかったのです、書けない理由が。

「今、書いているのは、私が書きたい自己紹介の本じゃない……。

自己紹介って、〝心をつかんで〟終わりじゃない。

心をつかんだ先の〝未来〟をつくるものなんだ。

魅せ方とかテクニックとか、相手に見せる外側の面ももちろん大事だけど、でもその前に〝自分〟だよね？　自分で自分のことをどう思っているのか？　どう見ているのか？

それが全部、自己紹介に表現されて、相手に伝わっちゃうんだよね」

……講演で自己紹介について語ったことで、そう気が付いてしまったのです。

「タイトルは『1分で心をつかむ自己紹介』じゃない、『未来をつくる！　最高の自己紹介』だ！」

編集者の河田周平さんにメールして、恐る恐る私の今の気持ちを説明。どんなお返事が来るかなと心配していましたが、思いのほか「わかりました」と受け入れていただけました。まずはホッと一安心。


本を書くのも自己紹介と同じ。自分が持っているものを表現する。

だから、自分が違和感あるものはすっきりと表現できない。

そして、相手にも伝わらないのです。


そうはいってもまだ、自分が望んでいる自分。なりたい自分になっていないというあなたへ。

私の話が参考になるかもしれません。

なりたい自分になれてない。やりたいことができていないとモヤモヤしていたとき、講師業の先輩が私にこう、声をかけてくれました。

「今はまだなっていないけど、手を伸ばせばすぐにそうなれる自分。あとはタイミングだけ、とセルフイメージを書き換えるといいよ」

パーッと目の前が明るくなりました。

当時、出版もしたいけど、どうしたら叶えられるのかわからない、そんな状況でした。でも先輩の言葉からこう自分の意識を変えたのです。

「まだ出版できてないけど、手を伸ばせばいつでもできる自分。あとはタイミングだけ」

その後、そのタイミングが来て出版が決まりました！

そして、この本で3冊目。そうなると、私のセルフイメージは「私は本が出せる人だ」に変わりました。

そして、自己紹介でも「話し方についての本を3冊出している著者です」「毎年1冊は本を出すと決めています」と自信を持って言える自分になっています。

人は変われる。

それも、一瞬で。

セルフイメージを変えてぜひ、自信をもって自己紹介をしてください。
本当にどんどん、夢が叶っていきますから。
自分が思い描いてなかった以上の未来が来ますから。
それを楽しみに、自己紹介をしてみてくださいね。

ではまた、4冊目でお会いいたしましょう！

心を込めて　2024年1月　松下公子

読者プレゼント

最後まで本書を読んでくださったみなさんに、心を込めてこのたび、プレゼントをご用意しました。

「競争倍率1000倍以上でも選ばれる！１分自己PRテンプレート」です。

こちらのファイルを以下のQRコードからLINE登録してぜひ、受け取ってください。

著者の松下公子と直接やりとりができるLINEです。本のご感想も頂けたら嬉しいです。

松下 公子 Kimiko Matsushita

STORYアナウンススクール代表
株式会社 STORY 代表

1973年、茨城県鹿嶋市出身。アナウンサーを目指したのは、大学3年時に彼氏に振られたことがきっかけ。アナウンサー受験では自分の経験と思いを熱く語り、25歳でアナウンサーに内定。テレビ・ラジオ4局にわたってステップアップを果たす。その後、大事な場面で選ばれるプレゼン手法として「共感ストーリー®」をメソッド化。代表を務めるSTORYアナウンススクールでは競争倍率1000倍以上と言われるアナウンサー試験に1局目内定や2局ダブル内定、さらに3局トリプル内定などの内定実績を持つ。現在は「選ばれる人、会社になる」ブランディングプロデュースや講座、講演を行っている。ミッションは「誰にでも可能性に満ち溢れた社会をつくる」。著書に『「たった1人」に選ばれる話し方』『転職は話し方が9割』(ともにスタンダーズ)がある。

●株式会社 STORY
https://story-office.com/

● STORY アナウンススクール
https://story-announceschool.com/

ブックデザイン：平塚兼右（PiDEZA）
イラスト：津久井直美

スタンダーズの本

「たった１人」に
選ばれる話し方

しゃべりは下手でいい！
「共感ストーリー」が心を動かす

松下公子【著】　価格 1,650 円（税込）

売り込まなくても、「スゴさ」を見せつけなくても大丈夫！

あなただけの「共感ストーリー」で「その他大勢」から「選ばれる人」になる！

NHK キャスター、民放アナウンサーを内定させてきたスピーチコンサルタントによる、どんなシーンでも人を共感させる話し方メソッド。

［面接］［プレゼン］［会話］［商談］［セミナー］……「選ばれる人」になるための全局面の法則。

スタンダーズの本

転職は話し方が９割

転職内定率 90%の
アナウンススクール代表が教える！

松下公子【著】　価格 1,650 円（税込）

話しベタでも大丈夫！面接はマインド準備９割、本番１割！
あなただけの「共感ストーリー」が成功のカギを握る！

内定率９割の成果を上げてきたアナウンススクール代表、元アナウンサーの著者が、面接の場所で相手を「共感」させて内定を勝ち取るノウハウを教えます。

未来をつくる！
最高の自己紹介
引っ込み思案のあなたのための
仕事も将来も引き寄せる自分の見せ方

2024年3月31日　初版第1刷発行

著　者　松下公子
編集人　河田周平
発行人　佐藤孔建
印刷所　中央精版印刷株式会社
発　行　スタンダーズ・プレス株式会社
発　売　スタンダーズ株式会社
〒160-0008
東京都新宿区四谷三栄町12-4　竹田ビル3F
営業部　Tel.03-6380-6132　Fax.03-6380-6136
https://www.standards.co.jp/